Kohlhammer

Die Autorin

Dr. Gunhild Küpper lebt in Köln. Sie ist seit rund 30 Jahren selbständige Unternehmensberaterin im Gesundheitswesen. Sie hat Sozial- und Wirtschaftswissenschaften an der Bergischen Universität Wuppertal und an der San Diego State University in Kalifornien, USA, studiert. Im Fach Arbeitssoziologie hat sie promoviert. Seit 25 Jahren ist sie Mitglied im Bundesverband Deutscher Unternehmensberatungen und dort als »Certified Management Consultant« zertifiziert. Ihre Arbeitsschwerpunkte sind die Beratung und Begleitung komplexer Entwicklungs- und Umstrukturierungsprozesse in Krankenhäusern und Universitätskliniken. Zahlreiche Bücher und Fachaufsätze sind von ihr veröffentlicht (www.kueso.de).

Gunhild Küpper

Personalmanagementstrategien von Krankenhäusern

Erneuerungsprozesse wirkungsvoll unterstützen

Verlag W. Kohlhammer

Dieses Werk einschließlich aller seiner Teile ist urheberrechtlich geschützt. Jede Verwendung außerhalb der engen Grenzen des Urheberrechts ist ohne Zustimmung des Verlags unzulässig und strafbar. Das gilt insbesondere für Vervielfältigungen, Übersetzungen, Mikroverfilmungen und für die Einspeicherung und Verarbeitung in elektronischen Systemen.

Die Wiedergabe von Warenbezeichnungen, Handelsnamen und sonstigen Kennzeichen in diesem Buch berechtigt nicht zu der Annahme, dass diese von jedermann frei benutzt werden dürfen. Vielmehr kann es sich auch dann um eingetragene Warenzeichen oder sonstige geschützte Kennzeichen handeln, wenn sie nicht eigens als solche gekennzeichnet sind.

Es konnten nicht alle Rechtsinhaber von Abbildungen ermittelt werden. Sollte dem Verlag gegenüber der Nachweis der Rechtsinhaberschaft geführt werden, wird das branchenübliche Honorar nachträglich gezahlt.

Dieses Werk enthält Hinweise/Links zu externen Websites Dritter, auf deren Inhalt der Verlag keinen Einfluss hat und die der Haftung der jeweiligen Seitenanbieter oder -betreiber unterliegen. Zum Zeitpunkt der Verlinkung wurden die externen Websites auf mögliche Rechtsverstöße überprüft und dabei keine Rechtsverletzung festgestellt. Ohne konkrete Hinweise auf eine solche Rechtsverletzung ist eine permanente inhaltliche Kontrolle der verlinkten Seiten nicht zumutbar. Sollten jedoch Rechtsverletzungen bekannt werden, werden die betroffenen externen Links soweit möglich unverzüglich entfernt.

1. Auflage 2024

Alle Rechte vorbehalten
© W. Kohlhammer GmbH, Stuttgart
Gesamtherstellung: W. Kohlhammer GmbH, Stuttgart

Print:
ISBN 978-3-17-044871-1

E-Book-Formate:
pdf: ISBN 978-3-17-044872-8
epub: ISBN 978-3-17-044873-5

Geleitwort

Die Transformation der Gesundheitswirtschaft ist längst überfällig und zwingend notwendig geworden. Bei aller Komplexität der Herausforderungen: Diesen Umbruch sollten wir als Chance begreifen. Denn neben den strukturellen Veränderungen, wie die sektorenübergreifende Versorgung, die Stärkung der ambulanten Versorgung und die Reform der Krankenhausstruktur, heißt es auch, Abschied von historisch geprägten starren Hierarchien zu nehmen. Eine Unternehmensführung, die multiprofessionell und auf Transparenz und Kommunikation ausgerichtet ist, ermöglicht Teilhabe und ist Teil des Veränderungsprozesses, alte Strukturen aufzubrechen. Durch einen meiner Meinung nach notwendigen Neuzuschnitt von Aufgaben- und Verantwortungsbereichen verschiebt sich der Fokus von einer reinen Konzentrierung auf den Arztdienst hin zu multiprofessionellen Versorgungsteams – ganz im Sinne der Patient:innen. Auf diese Weise kann auch Digitalisierung, und damit eine stete Weiterentwicklung der technischen und digitalen Möglichkeiten der Patientenversorgung und der Einsatz innovativer Technologien im Krankenhaus gelingen.

Es ist heute wichtiger denn je, Führungspersönlichkeiten im Unternehmen zu haben, die eine Vision haben, d.h., lohnenswerte, realistische Ziele verfolgen und die als Teamplayer Vorbild für ihr Team sind. Es braucht Leadership-Persönlichkeiten, die ihre Mitarbeitenden inspirieren, motivieren und damit Raum für Kreativität, Sinnerfüllung und Wandel schaffen. Gleichzeitig dürfen Führungsqualitäten wie Organisationsfähigkeit und Steuerung nicht vernachlässigt werden. Wie oft stehen drängende, tagesaktuelle Herausforderungen im Vordergrund, wie schnell verschiebt sich der Fokus weg von Strategien für eigentlich benötigte längerfristige Lösungen!

Mit dem Team im direkten Austausch zu sein, eine Haltung zu haben, einen Rahmen zu setzen, schafft ein erfolgreiches Arbeits-

Geleitwort

umfeld des individuellen und gegenseitigen Wachstums. Dabei geht es beispielsweise um den Informationsaustausch zu aktuellen Themen im Team, um persönliche Gespräche zwischen Mitarbeitenden und Vorgesetzten oder auch um die regelhafte Etablierung von Laufbahnentwicklungsgesprächen; es geht um eine ganz pragmatische, am Menschen orientierte Ausgestaltung der zukünftigen Arbeitswelt. Auf diese Weise können Talente gefördert und Mitarbeitende im Krankenhaus gehalten werden. Ein wichtiger Aspekt der Mitarbeiterattraktivität von Krankenhäusern und damit mittlerweile auch eine klare wirtschaftliche Notwendigkeit.

Eines ist doch ganz sicher – die Menschen im Unternehmen sind für den Erfolg des Unternehmens verantwortlich. Ob Erneuerungsprozesse wirkungsvoll gelingen, hängt maßgeblich von der Strategie im Personalmanagement ab.

Daher freut es mich, dass Sie als Leser:innen dieses Buches ein Interesse daran haben, Erneuerungsprozesse wirkungsvoll zu unterstützen. Gunhild Küpper, Autorin des Buches, schildert, worauf es in der Führung ankommt – auch im Hinblick auf Nachhaltigkeit. Das Ihnen vorliegende Buch ist ein praktischer Ratgeber, ein Leitfaden für die alltägliche Arbeit, der aufzeigt, wie die Transformation gelingen kann. »Echte Leader haben eine Vision«, wie auch John Paul Kotter, Professur Führungsmanagement der Harvard Business School, in seinen wegweisenden Werken zum Veränderungsmanagement schreibt. Das Buch liefert Ihnen hilfreiche Anregungen, um Ihre eigene Vision für eine zukünftige, moderne Arbeitswelt zu schärfen. Echte Leader sind gefragt!

Ihre Andrea Schmidt-Rumposch
Pflegedirektorin | Vorstand Universitätsmedizin Essen

Vorwort der Autorin

Dieses Buch ist mir ein Herzensanliegen. Als Beraterin in Krankenhäusern und Universitätskliniken werde ich sehr häufig von meinen Kunden geholt, wenn »Nichts mehr geht«. Krankenstände steigen ins nicht mehr Vertretbare, vermehrt passieren unerwünschte Ereignisse, Friktionen zwischen den Berufsgruppen nehmen zu, Mitarbeitende fallen in alte Rollenbilder zurück, adäquater Personalersatz ist nicht zu finden oder die gewünschten Effekte, wie Minimierung der Wartezeiten, treten nicht ein. Veränderungen haben stattgefunden, nur mit den Mitarbeiterinnen und Mitarbeitern »da klappt es nicht so richtig«.

Diesen Reader habe ich als Anleitung für die Praxis geschrieben. Personalmanagementstrategien, die bei Erneuerungsprozessen positiv greifen und die gewünschte Transformation gestalten, habe ich hier zusammengetragen. New Work-Elemente kommen dabei auch zum Einsatz.

Für alle, die Entscheidungsträger:innen in Krankenhäusern sind und sich mit Transformations-Konzepten befassen, ist dieses Buch ein praktischer Ratgeber. Aber auch Change-Management-Beraterinnen und -Berater können hier für ihre Arbeit nützliche Anregungen finden.

Inhalt

Geleitwort		**5**
Vorwort der Autorin		**7**
1	**Einführung**	**11**
2	**Rollenverteilung und anstehende Aufgaben**	**14**
2.1	Rollenklärung der Protagonisten	14
2.2	Führung und Leadership	17
2.3	Rolle der Krankenhausleitung	20
2.4	Die Rolle der Betriebs- und Personalräte	22
2.5	Aufgaben der Personalabteilung	23
2.6	Aufsichtsräte müssen unterstützen	25
2.7	Rolle der externen Beratung	27
3	**Vision, Mission, Leitbild und Werte**	**30**
3.1	Warum Zukunftsentwürfe wichtig sind	30
3.2	Gemeinsame Werte bringen einen Schritt weiter	32
3.3	Das Konzept Leitbild-Management	33
4	**Kreative und konsequente Umsetzung**	**36**
4.1	Masterplan für die PE-Projekte	36
4.2	Transparenzkultur: Überzeugungsarbeit leisten	38
4.3	Personelle Erneuerung im operativen Management	40

Inhalt

5	Zuständigkeiten und Verantwortung	43
5.1	Organigramme geben Struktur	43
5.2	Den Rahmen setzen	45
5.3	Denken und Handeln in Prozessen	47

6	Kompetenz-Check: ein qualitatives und quantitatives Check-up	49
6.1	Kompetenzbedarfsanalyse: Wofür welche Mitarbeitenden?	49
6.2	Zuständigkeiten und Verantwortung	51
6.3	Neue Rollen und Führungsstrukturen müssen her	53

7	Personalentwicklungsinstrumente in der Transformation	56
7.1	Das Potenzialgespräch: Mitarbeiterbindung und Nachwuchsförderung	56
7.2	Delegation und Kontrolle: Mitarbeitergespräche als Steuerungsinstrument	59
7.3	Kennzahlen: Ist und Soll für alle sichtbar machen	62
7.4	Arbeitswelt im Umbruch: Das Neue gestalten	66

8	Epilog – Worauf es ankommt: Führung und Nachhaltigkeit	73

Stichwortverzeichnis 77

Literaturverzeichnis 79

1 Einführung

Der Wirtschaftszweig Gesundheitswesen ist in einem massiven Umbruch. Insbesondere Krankenhäuser und Universitätskliniken sind seit einigen Jahren damit befasst, sich komplett neu aufzustellen: Umfirmierungen, Fusionen, Aufkäufe und eine Vielzahl von Veränderungen haben bereits stattgefunden. Hier ist durchaus von einem Paradigmenwechsel zu sprechen, der die Grundfesten des Deutschen Krankenhauswesens auf den Kopf gestellt hat. So hat das Land Hessen bereits 2007 seine Universitätskliniken Gießen und Marburg an die Rhön Kliniken AG verkauft und damit die Möglichkeit der Privatisierung von Unikliniken eröffnet. Die Fusionierung der Städtischen Kliniken Köln mit dem Universitätsklinikum ist ein lokaler Diskussionsdauerbrenner. Viele ehemals Städtische Krankenhäuser sind heute gemeinnützige Gesellschaften mit beschränkter Haftung oder gehören zu einem Klinikverbund, wie das Hellmig Krankenhaus in Kamen. Medizinische Versorgungszentren mit neuen Möglichkeiten der ambulanten Patientenversorgung und der Kooperation mit niedergelassenen Ärzten entstehen seit einiger Zeit.

Neben diesen »äußeren« Ereignissen haben mit dem Ziel der Kosteneinsparung auch nach »innen« umwälzende Veränderungen gegriffen: Bereiche wie Beschaffung, Logistik, Gastronomie oder Reinigung werden als GmbH ausgelagert. In vielen Krankenhäusern sind bereits Pflegestationen zu Organisationseinheiten zusammengeführt worden. Alte Strukturen wurden abgebaut. Damit verknüpft haben Personalentlassungen und Veränderungen bei den Rollen und Aufgaben der Mitarbeiterinnen und Mitarbeiter stattgefunden. Als größte Beschäftigtengruppe ist hiervon insbesondere die Pflege betroffen.

Privatisierung, Sanierung, Reorganisation und Personalreduzierung haben mit dem Anspruch, eine kostengünstige und professionell bessere Krankenversorgung zu erbringen, dazu geführt, dass Ab-

1 Einführung

laufprozesse in den Krankenhäusern positiv verändert wurden. Die Patientenverweildauern sind deutlich zurückgegangen[1] und neue Rollen mit anspruchsvollen Aufgaben für die Mitarbeitenden entstanden: Controller, QM-Beauftragte, Case Managerin, OP-Manager, Pflegefachassistentin, Physician Assistent, DRG-Kodierer, pflegefachliche Leitung sind hierzu Beispiele.

Diese umwälzenden Veränderungen sind längst nicht abgeschlossen: Die Gesundheitsbranche ist nach wie vor eine Wachstumsbranche. Damit dies gelingt, ist Transformation unabdingbar, und ein Ende ist noch nicht in Zeitangaben zu benennen.

Die Produktivitätssteigerungen sind in den Krankenhäusern notwendig, weil die Kosten seit Jahren sehr viel schneller steigen als das Budget. So ist von der Politik angedacht, nicht mehr nur für behandelte Fälle, sondern auch für bereitgehaltene Kapazitäten als Krankenhaus Geld zu bekommen. Nicht zuletzt wird die Krankenhausreform, die ab 2024/25 in Kraft treten soll, für alle Beteiligten viel Neues im Krankenhaussektor mit sich bringen.

Unabhängig davon werden langfristig Kliniken ziemlich sicher mit immer weniger hochqualifizierten Ärzten und Pflegekräften auskommen müssen. Man geht davon aus, dass den Krankenhäusern rund eine halbe Millionen Arbeitnehmerinnen und Arbeitnehmer in den nächsten Jahren verloren gehen. Insofern sind Handlungsfelder, die den Blick auf Innovation richten und zur Sicherung der wirtschaftlichen Zukunft beitragen nur logisch: Strukturveränderung und Kompetenzbündelung sind hier – bisher – die zentralen Strategien.

Was ist mit den Akteurinnen und Akteuren vor Ort, in den sich in der Transformation befindenden Kliniken? Sind sie diesen komplexen

---

1 Die durchschnittliche Patientenverweildauer ist von 13.3 Tagen im Jahr 1992, über 8.7 im Jahr 2005 auf 7.2 Tage im Jahr 2022 zurückgegangen (vgl. Statista GmbH, *Durchschnittliche Verweildauer in deutschen Krankenhäusern in den Jahren 1992 bis 2022 (in Tagen)*, 2023, Zugriff am 14.12.2023 unter https://de.statista.com/statistik/daten/studie/2604/umfrage/durchschnittliche-verweildauer-im-krankenhaus-seit-1992/#:~:text=Die%20durchschnittliche%20Verweildauer%20in%20deutschen,%3A%2013%2C3%20Tage).

Herausforderungen ohne weiteres gewachsen? Wie bewältigen sie das ständig Neue emotional? Wie lassen sich neue Rollen in einem agilen Umfeld etablieren? Können sie die neuen Rollen, die der Wandel produziert, selbständig ausfüllen? Umfassende Personalmanagementansätze für die Transformation[2] im Krankenhaus, die hierauf Antworten haben, gibt es bislang nicht. Nur eines ist klar: Mitarbeitende mit Führungsverantwortung müssen in der Lage sein, mit den immer knapperen Ressourcen die Krankenversorgung sicherzustellen (vgl. Hurlebaus & Küpper, 2021, S. 933).

Personalmanagement kann nicht ausschließlich Personalverwaltung sein, es muss vielmehr eigene Impulse im Rahmen der strategischen Planung setzen. Das »Was« des Change ist definiert und umgesetzt in Masterplänen. Wir haben in den Gesundheitseinrichtungen kein Erkenntnis-, sondern ein Umsetzungsproblem. Denn nach wie vor zu kurz kommt das »Wie«: Wie schaffen wir es, die Mitarbeitenden neu zu positionieren und wirklich mitzunehmen? Personalmanagement wird noch sehr häufig auf die erste oder zweite Managementebene delegiert. Beratung wird punktuell für Einzelmaßnahmen geholt. Eine Gesamtstrategie für den Wandel im Personalmanagement wird nur selten verfolgt, auch stehen Beraterinnen und Berater nach der strukturellen Veränderung nicht selbstverständlich für eine Reflexion den Akteuren vor Ort als fachliche und menschliche Begleitung zur Verfügung.

---

2 Im Unterschied zum Change-Management ist Transformation ein grundlegender Wandel, das heißt, eine umfassende, tiefgreifende und hoffentlich auch nachhaltige Veränderung im Krankenhaus. Hingegen ist das Change-Management ein Bündel von Maßnahmen, das den Wandel methodisch umsetzt, steuert und forciert.

2 Rollenverteilung und anstehende Aufgaben

2.1 Rollenklärung der Protagonisten

Der Erfolg von Krankenhausunternehmen – insbesondere in den »heißen Phasen« der Veränderung – hängt maßgeblich davon ab, wie die Häuser aufgestellt und wie die einzelnen Akteure positioniert sind. Weiß jeder Mitarbeiter, jede Mitarbeiterin, jede Führungskraft, wo sie im System steht, welche Aufgaben und Befugnisse sie oder er hat, welche Erwartungen gestellt sind, was zu tun ist? Die Antworten darauf ist der Grundstein für den (Unternehmens-)Erfolg.

Nicht selten kommt im Arbeitsalltag Rollenambiguität vor, das heißt, Einzelne wissen nicht, welche Rolle sie in der jeweiligen beruflichen Situation haben. Die Rolle[3] gibt an, wo und wie der Mitarbeitende in der Organisation positioniert ist; gibt Orientierung nach innen und außen und bezieht sich implizit sowohl auf persönliche Fähigkeiten als auch auf persönliche Merkmale.

Über den Begriff »Rolle« wird das Spannungsverhältnis zwischen Mitarbeitenden und Organisation dargestellt. Das ist nicht immer einfach. Führung hat dabei die primäre Aufgabe zu erklären, zu beraten, zu unterstützen, zu korrigieren und Sicherheit im System zu geben. Führung muss aber nicht nur eingreifen, sondern muss auch lernen loszulassen, vor allem wenn andere Führungsebenen nach-

---

[3] Ich spreche hier von der sozialen Rolle: Rolle ist die Summe der normativen Verhaltenserwartungen, die dem- oder derjenigen einer sozialen Position entgegengebracht wird. (Berufs-)Rollen schränken individuelle Freiheiten ein, geben allerdings auch Verhaltenssicherheit.

2.1 Rollenklärung der Protagonisten

folgen und/oder Mitarbeitende sich weiterentwickeln sollen. Wenn beispielsweise eine Chefärztin sieht, wo berufliches Verhalten bei einem Mitarbeitenden korrigiert werden muss, sollte sie nicht selbst das Gespräch führen. Vielmehr ist der zuständige Oberarzt oder Stationsarzt als primärer Akteur zu informieren und zu beraten, wie vorzugehen ist. Das Agieren aus den verschiedenen Führungspositionen und Einhalten der Hierarchie will gelernt sein und ist gerade in Transformationsprozessen wichtig. Es geht hier um adäquate Positionierung und Rollenstärkung im System.

Ein weiteres Beispiel: OP-Manager ist die Rollenbezeichnung. Aufgabenbereich ist die Funktionsabteilung OP. Die Aufgabe ist das Organisieren der OP-Säle. Dies ist das, was die Bezeichnung festlegt. Alles andere ist implizit enthalten und muss im Organigramm (▶ Kap. 5.1), in der Aufgabenbeschreibung bzw. im Stellenprofil und über Kommunikation erörtert bzw. festgelegt werden: *Der OP-Manager gehört zur..., er macht..., er regelt..., er darf..., er ist über- und unterstellt...* Deutlich wird, wie wichtig hier der permanente Austausch mit den Vorgesetzten, aber auch mit den Kollegen ist.

Wenn also eine Mitarbeiterin sagt: »*Ich weiß nicht, was meine Aufgabe ist, was von mir erwartet wird*«, so heißt das, die Rolle ist im System nicht geklärt. Wenn Rollenambiguität besteht, kann Folgendes passieren: Alle machen alles, keiner übernimmt Verantwortung, viele oder alle Mitarbeiterinnen und Mitarbeiter arbeiten ohne Konzept, oder es passiert gar nichts, weil niemand sich zuständig fühlt.

Vom OP-Manager, um beim letzten Beispiel zu bleiben, erwartet die Krankenhausleitung, dass er die OP-Säle möglichst auslastungsoptimal organisiert, kaum OP-freie Zeiten entstehen, Notfälle wirkliche Notfälle sind, die Mitarbeitenden im OP geführt und die Operationen gemeinsam mit den Operateuren gesteuert werden. Die zentralen Rollen müssen benannt und die Erwartungen an diese Rollen geklärt werden.

Neben den zentralen Rollen im Krankenhaus, wie Geschäftsführung, Kaufmännischer Direktor, Ärztliche Direktorin oder Pflegedirektor hat jeder Klinikbereich, jede Abteilung und Station spezifische

bzw. exklusive Rollen. Sie sollten, um Klarheit zu schaffen, nicht nur im Stellenprofil erörtert, sondern für alle sichtbar gemacht werden. Jeder einzelne Mitarbeitende muss im Unternehmenssystem folgende Fragen »*ohne Wenn und Aber*« beantworten können: *Wer bin ich? Was darf und muss ich tun? Welche Befugnisse habe ich? Wie werde ich gesehen? Welche Erwartungshaltungen muss ich erfüllen?*
Für eine gute Transparenz bietet sich eine **Matrix** an (▶ Tab. 1):

Tab. 1: Pflegerische Rollenverteilung auf der Station »Kinderchirurgie« (ein Beispiel)

Rollenbezeichnung	Aufgaben	Befugnisse
Teamleitung	...	...
Exam. Pflegefachkraft	...	...
Pflegefachassistentin		
Teamassistentin		
DRG-Kodierer		
Stationssekretärin		
QM-Beauftragte		
Pflegedienstleitung		

Die Erwartungshaltungen werden mit dem jeweiligen Vorgesetzten und im Team fortlaufend reflektiert und angepasst.

Transformation erfordert so gut wie immer das Schaffen von neuen Rollen, die den veränderten Anforderungen noch professioneller und ergänzend zu den bestehenden gerecht werden sollen. Sie verursachen allerdings nicht selten »sowohl bei den Rolleninhabern, als auch im direkten beruflichen Umfeld Rollenunsicherheiten«. Eine Anpassung aller betroffenen Stellenprofile findet bisher in der Praxis nur selten statt, was weitere Verunsicherung erzeugen kann (Hurlebaus et al., 2022, S. 1024).

Neue Rollen finden sich im Krankenhaus ganz überwiegend in der Pflege – zum Beispiel als Nurse Practitioner, Pflegefachassistentin, Pflegerische Leitung oder Case Manager. »Für diese Mitarbeitenden [...] reicht herkömmliches Basiswissen nicht aus, sie haben darüberhinausgehende Qualifikationen erworben, wie Fähigkeiten für wissenschaftliches Arbeiten oder Management-Know-how« (ebd.).

2.2 Führung und Leadership

Mitarbeitende mit Führungsverantwortung verstehen sich nach wie vor primär als Managerin oder Manager von Arbeitsaufträgen: Organisieren, Prioritäten setzen, Entscheiden, Kontrollieren, Evaluieren und Beurteilen sind zentrale Stichworte. Allerdings führten und führen die krisenbedingten Umstrukturierungen nach wie vor zu agilen Unternehmenskulturen. Die Abkehr vom streng hierarchischen Führungsstil wird im Zusammenhang mit modernen Arbeitsweisen – New Work – diskutiert: So können verschiedene Gestaltungsmöglichkeiten geboten werden, die Vereinbarkeit von Beruf und Privatleben wird priorisiert oder es werden individuelle Arbeitszeitmodelle ermöglicht. Der Umgang mit diesen New Work-Ansprüchen steht bei vielen Führungskräften im Krankenhaus noch nicht auf der Agenda. Man kann sagen, die Transformation trifft auf Tradition. Führungskräfte müssen lernen, mit den Ansprüchen von qualifizierten Mitarbeiterinnen und Mitarbeitern gut umzugehen. »[...] insbesondere in agilen Organisationen gilt es, Mitarbeitenden Sicherheit und Orientierung zu bieten, Sinn zu vermitteln und Stärken zu stärken« (Schwuchow, 2023, S. 2).

Die Erneuerung von Krankenhäusern verlangt also noch andere Fähigkeiten, die nicht so ohne weiteres erlernt werden können – es geht um die »innere Haltung« der Führungskraft. Führungskräfte benötigen Management- *und* Leadership-Fähigkeiten (Küpper, 2011, S. 33). Führung muss sich mit Leadership auseinandersetzen, wenn sie

Changevorhaben mit ihren Mitarbeitenden nachhaltig umsetzen und Transformation initiieren will. Dabei kommt den Führungsverantwortlichen des mittleren Managements – und dies gilt für die Pflege genauso wie für Ärzt:innen – eine spezielle Aufgabe zu: Sie sind die Treiber der Transformation, und sie werden im Arbeitsalltag gemeinsam mit der Mitarbeiterbasis für die Umsetzung der Unternehmensziele verantwortlich sein.

Führung im weiteren Sinne ist Management, im engeren Sinne Leadership als persönliche Interaktion. Mitarbeitende mit Führungsverantwortung müssen Vorbild und mutig sein, die Mitarbeitenden begeistern und mitnehmen (ebd.), Veränderungsprozesse initiieren und begleiten, Werte kommunizieren und Einzelne beraten. Es sollte eine offene, vertrauensbasierte Führung in interdisziplinären Leistungsteams gepflegt werden.

In der nachfolgenden Tabelle (▶ Tab. 2) sind die zentralen strategischen Führungsinstrumente aufgeführt. Sie beinhalten sowohl Management- als auch Leadership-Strategien:

Tab. 2: Zentrale strategische Führungsinstrumente

Instrument	Strategien
Performance	• sicheres Auftreten und fundiertes Wissen zeigen; • Partizipation bei Entscheidungen sicherstellen; • auf Widerstand vorbereitet sein; • Führungsgrundsätze vorleben (»werteorientierte Führung«)
Aufgabenzuordnung	• über Stellenprofile Rollenklarheit schaffen; • definierte, verbriefte Ablaufprozesse; Befugnisse definieren
Kompetenz	• medizinisch und pflegerisch fachlich fit sein; • Führungskompetenz zeigen: sicher, selbstbewusst im Auftreten

Tab. 2: Zentrale strategische Führungsinstrumente – Fortsetzung

Instrument	Strategien
Kommunikation	• freundliche, sichere und wertschätzende Kommunikation führen; • Jour fixe anbieten bzw. einfordern; • nachhaken, Absprachen einfordern, schriftlich fixieren und sich möglichst daran halten
3Ks der Führung	für die eigene Kompetenz, Kreativität und Konsequenz sorgen
Organigramme	über Organigramme die fachliche, hierarchische und personelle Zuordnung wiedergeben (Befugnisse, Kommunikationswege) (▶ Kap. 5.1)
Kennzahlen	in einem Kennzahlenboard messbare Kennzahlen festlegen, darüber kommunizieren und sich präsentieren (▶ Kap. 7.3)

Leadership ist nicht neu. Schon seit Jahren wird dieser Begriff diskutiert. Man versucht, diese Haltung in Führungsseminaren und/oder in Coachings zu reflektieren und zu vermitteln. Leadership bleibt somit im wahrsten Sinne ein Dauerbrenner, eben weil es überwiegend mit der Persönlichkeit und den Lebenserfahrungen des oder der Führungsverantwortlichen zu tun hat, und nicht mal eben gelernt werden kann. Ob man es hören will oder nicht: Leadership ist und bleibt auch eine Frage des Charakters. Und »Leadership kann sich letztendlich nur entfalten, wenn ein entsprechend offenes Umfeld da ist: Ein Umfeld, das nicht konserviert, nicht festhält, sondern spontan und innovativ ist. Ein Umfeld, das der Führung Freiräume gibt, wo Vertrauen herrscht, Werte gelebt werden und ein kreativer Ideenwettbewerb möglich ist« (ebd., S. 34).

Auch wenn viele sich schwertun mit dem Begriff als solchem und mit der inneren Umsetzung im Speziellen – dennoch, einige Verhaltensweisen und Führungstools lassen sich erlernen. Bereits vor über zehn Jahren hat Sprenger (Sprenger, 2012) beeindruckend herausgestellt, dass jede Führungskraft, egal in welchem Wirtschaftszweig und auf welcher Hierarchiestufe eingesetzt, sich vorrangig mit fünf Kernaufgaben im Arbeitsalltag befassen sollte:

- Zusammenarbeit organisieren,
- Transaktionskosten senken,
- Konflikte entscheiden,
- Zukunftsfähigkeit gestalten und
- Mitarbeiter:innen führen.

Insbesondere die beiden zuletzt genannten Aufgaben sind im aufgeführten agilen Kontext primär relevant, und damit muss Führung sich täglich befassen: Mein Verantwortungsbereich soll nicht nur heute, sondern auch morgen und übermorgen gut laufen, und meine Mitarbeitenden will ich motivieren, anleiten, befähigen und halten. Als Führungsinstrumente setze ich meine Persönlichkeit ein und gebe Rückmeldung, höre zu, führe Gespräche, ich zeige mich und bin ansprechbar. Obwohl Telefonate, Emails und Whats-Apps die effizienteren Kommunikationsformen sein können, ist die persönliche Begegnung, das Spüren der »Aura des Gegenübers« (Eichel, 2023, S. 57) nachhaltiger, sie gibt mehr Wertschätzung und bleibt beeindruckender in Erinnerung. Je wichtiger die Informationsinhalte für den erfolgreichen Arbeitsalltag sind, desto wichtiger ist die persönliche Begegnung (Stichwort: »Management by Walking around«) – dies gilt für alle Führungsebenen: vom Vorstand bis zur Teamleitung.

2.3   Rolle der Krankenhausleitung

Es ist wohl zweifellos so, dass beim Thema Personalmanagement die Krankenhausleitungen häufig mehr oder weniger »vergessen« werden. Bei der Entscheidung, Maßnahmen mit dem Ziel der Transformation einzuleiten, bleiben sie außen vor: *Was muss ich persönlich verändern, lebe ich meine Rolle eindeutig, wie sieht mein persönlicher Bei-*

2.3 Rolle der Krankenhausleitung

trag im Change aus? sind Fragen, die fast nie, weder von außen noch von den Protagonisten selbst, gestellt werden.

> Wer gehört zur Krankenhausleitung?

Die Geschäftsführung setzt sich aus Ärztlichen-, Kaufmännischen- (bzw. Verwaltungs-) und Pflegedirektor:innen zumeist mit Prokura zusammen, während in den Universitätskliniken die Vorstände mit eben genannten Positionen sowie einem oder einer Dekan:in besetzt sind. Häufig ist in den Universitätskliniken der oder die Ärztliche Direktor:in Vorstandsvorsitzende:r. Hinlänglich bekannt ist, das Change-Vorhaben scheitern können, weil »nicht richtig geführt wird«.[4] Gerade in Umbruchsituationen zeigt sich, wer die Management- und Leadership-Tools beherrscht.

Ist die Entscheidung für Maßnahmen im Sinne von Erneuerung des Krankenhausunternehmens getroffen, sollte sich jedes Leitungsmitglied fragen: *Habe ich die Kompetenzen für eine fachgerechte Begleitung? Schaffe ich es, konsequent und dauerhaft den Change voranzutreiben? Habe ich die Fähigkeiten, kreativ Ideen einzubringen?* Diese Selbstreflexion macht generell Führung aus.

Das Leitungsteam bzw. die Krankenhausleitung sollte an einem Strang ziehen und Spielregeln für Kommunikation und Aktivitäten vereinbaren. Ihre Aufgaben sind neben dem Alltagsgeschäft sozusagen auf einer Metaebene: Orientierung und Werte vermitteln und vorleben, die nachgelagerte Ebene (wie Chefärzte, Personalleitung, Pflegedienstleitung) direkt einbinden, Widerstände erkennen und aktiv helfen, sie aufzulösen, konfliktbereit sein und sensibel agieren und last but not least glaubwürdig und zuverlässig sein. Das heißt, Changevorhaben und Transformationsprozesse sind nicht eben so einzuleiten, sondern man ist immer auch Teil des Ganzen mit einer

---

4 Change-Vorhaben scheitern, weil keine klaren Ziele definiert sind, Prozesse nicht kontrolliert werden, die Kontinuität fehlt, nicht genug und richtig kommuniziert wird, oder man selbst bei dem Ganzen überfordert ist.

spezifisch steuernden transformationalen Führungsrolle. Im Krankenhaus ist es in der Regel nicht eine einzelne Person, sondern das Klinikleitungsteam, das gemeinsam den Prozess steuert und begleitet. Es bietet sich an, dass man sich als Leitungsteam, um Rollenklarheit zu halten, professionell moderierend begleiten lässt. Dabei sollte neben der Besprechung der Roadmap auch Rollenreflexion der Leitungsmitglieder dazugehören.

2.4 Die Rolle der Betriebs- und Personalräte

Die Rolle der Betriebs- und Personalräte[5] in der Transformation ist nicht zu unterschätzen. Ihr Aufgabenprofil ist in den letzten Jahrzehnten zunehmend komplexer geworden. Gelebte Strukturveränderungen, New Work, Digitalisierung der Arbeitsprozesse und heterogenere Beschäftigungsinteressen sind auf der einen Seite zu nennen, andererseits mussten sie ihre eigene Organisation anpassen, um den wandelnden Herausforderungen und Erwartungen der Mitglieder gerecht zu werden (Niewerth et al., 2022, S. 8). Sie sind gewählt und vertreten die Belegschaft gegenüber der Krankenhausleitung bzw. dem Vorstand.

Im §2 des Betriebsverfassungsgesetzes ist ihre Aufgabe geregelt: Sie sind danach angehalten, die Belange der Mitarbeitenden in Bezug zu den Unternehmens- bzw. Klinikinteressen zu setzen und »im Sinne beider zu agieren«. Sie sind somit einer »Doppelloyalität« verpflichtet (ebd., S.10). Diese »Doppelloyalität« macht hier ihre spezifische Rolle aus: Ohne Einbindung der Betriebs- bzw. Personalräte wird eine Transformation nicht gelingen. Man sollte sie nicht als Bremser wahrnehmen, sondern als Unterstützer der Erneuerungsprozesse.

---

5 Betriebsräte gibt es in der Privatwirtschaft; Personalräte werden im öffentlichen Dienst, wie Universitätskliniken, gewählt.

Die Erfahrung zeigt, dass es sich lohnt, den Betriebs- bzw. Personalrat, im ersten Schritt über den oder die Vorsitzende:n, frühzeitig proaktiv in den Transformationsprozess einzubinden. Sie können und sollten Multiplikatoren sein. Durch Gespräche mit den Beschäftigten kann er die Akzeptanz für geplante Veränderungen erhöhen und Ängste reduzieren. Wenn es um Fragen und Probleme zur Arbeit geht, sind Betriebs- und Personalräte neben den direkten Vorgesetzten die richtige Stelle für die Mitarbeitenden. »Sie übernehmen mitunter Managementaufgaben bei betrieblichen Entwicklungsprozessen« (ebd., S. 12).

Ratsam ist es also, den Betriebs- bzw. Personalrat schon bei der Veränderungsplanung einzubinden. Er kann besser als Multiplikator arbeiten, Teams auf dem Laufenden halten und Fragen kompetent beantworten. Im Sinne eines Transformationstreibers unterstützt er das Change-Management und entlastet die anderen steuernden Akteurinnen und Akteure (Schmid, 2021).

2.5 Aufgaben der Personalabteilung

Bei Vorhaben mit dem Ziel der Transformation übernehmen Personalabteilungen existenzielle Funktionen. Sie befassen sich mit Fragen der Personalentwicklung und der modernen Arbeitsweisen, sorgen für gezielte Fort- und Weiterbildungsangebote, sichern die Leistungsqualität und beraten die Führungsverantwortlichen.

Doch in fast jedem kleineren Krankenhaus (< 300 Betten) sind die sogenannten Personaler mit Verwaltungsaufgaben überlastet. Oft sind sie für Arbeiten »drum herum« zuständig, wie Arbeitsverträge, Stellenanzeigen, Arbeitszeugnisse, Arbeitszeiterfassung, Gehälter, Kostenstatistiken usw. Nach wie vor kommt es vor, dass ein Team in der Personalabteilung aus lediglich zwei oder drei Personen besteht und rund 800 Beschäftigte »personaltechnisch« managen muss. Mehr als Verwalten und ab und an kurze Gespräche führen, ist nicht möglich. »Noch immer fließen 70 bis 80% der Ressourcen einer Personalabteilung in administrative Tätigkeiten. So bleiben lediglich 20 bis 30% für die wertschöpfenden Human-Ressource-Themen übrig« (Bazan et al., 2016, S. 20). Nur in den Universitätskliniken und größeren Krankenhäusern (> 600 Betten) sind Personalabteilungen umfangreicher aufgestellt, aber auch dort sind ähnliche Mängel nachweisbar.

Für Transformationsvorhaben ist die allgemeine Situation der Personalabteilungen auch oftmals ein Hemmschuh. Sie können aufgrund ihrer sehr administrativ ausgerichteten Arbeit und entsprechend aufgestellten Ansprechpersonen weder Ideen liefern noch den Führungskräften Arbeit abnehmen. Das muss sich ändern: Personalabteilungen sollten bei den heutigen fortdauernden anspruchsvollen Herausforderungen unter 40% ihrer Arbeit mit Administration verbringen. In der verbleibenden Zeit sollte es um die passgenaue Erarbeitung von Personalmanagement-Instrumenten gehen. Sie werden ihren Input leisten müssen, die Führungskräfte, wie Chef- und Oberärzt:innen oder Pflegedienst- und Teamleitungen, in die Lage zu versetzen, ihren Führungsaufgaben adäquat nachzukommen. So sollte es sein!

Letztendlich sind die Mitarbeitenden der Personalabteilungen die richtigen Ansprechpartner der Führungsebene, wenn es um Personaleinsatz, -entwicklung, -rekrutierung und -bindung geht. Die Realität ist anders und muss sich schnellstmöglich ändern. Leider ist der Fokus bei Transformationsvorhaben nicht sofort auf die Personalabteilungen gerichtet. Das heißt, sie stehen mehr denn je vor großen Herausforderungen: Die Aufgabenschwerpunkte sollten erweitert und verlagert werden – weg vom Administrativen hin zum Strategischen.

Angezeigt ist, dass die Personalabteilungen bei der Entwicklung notwendiger Konzepte aktiv professionell und gleichberechtigt mitwirken (ebd.). Der Aufsichtsrat kann hierauf hinweisen und entsprechende Leistungen einfordern (▶ Kap. 2.6). Oft fehlt für die Bearbeitung von innovativen Personalmanagementkonzepten das notwendige fachliche Know-how. Entsprechende Mitarbeiterinnen und Mitarbeiter müssen rekrutiert und bisher blockierende Kostenbeschränkungen überwunden werden.

2.6 Aufsichtsräte müssen unterstützen

Sowohl eine Krankenhaus-GmbH oder -AG als auch ein Universitätsklinikum haben einen Aufsichtsrat. Aufsichtsräte stehen heute immer mehr im öffentlichen Fokus: Sie sind Kontrollorgan, sollen Impulse geben und die finanzielle Situation des Krankenhauses bzw. Klinikums sicherstellen. Dazu »braucht es professionelle Aufsichtsräte« (Haberland, 2017).

Problematisch wird es bei den großen Herausforderungen dann, wenn Aufsichtsräte wenig profunde Expertise im Bereich des Gesundheitswesens haben und mit der fachspezifischen Materie wenig vertraut sind.[6] »Krisen wären wahrscheinlich oftmals vermeidbar, wenn sich ein (professioneller) Aufsichtsrat vorher stärker eingemischt hätte« (Haberland, 2017). Auf der anderen Seite sollen sie die Managementaufgaben den Führungskräften vor Ort überlassen und sich nicht in das operative Geschehen einmischen. Diesen Spagat hinzubekommen, ist nicht einfach. Soziale Kompetenz und Fingerspitzengefühl sind gefragt.

Wieso habe ich hier zum Thema Personalmanagementstrategien überhaupt den Aufsichtsrat aufgeführt? Transformation als Ziel und Change-Management als Methode sind allerdings kein Handlungsalltag. Soll ein Haus »nicht vor die Wand gefahren« werden, muss der jeweilige Aufsichtsrat beurteilen können: Haben wir das richtige

---

6 Ein Aufsichtsrat hat in der Regel 12 Mitglieder mit einem oder einer Vorsitzenden. Nicht selten haben nur einige einen medizinischen oder juristischen Background. Zum Teil sind sie Stadt- oder Bezirksräte, Oberbürgermeister oder in Universitätskliniken Ministerialräte oder Staatssekretäre.

2 Rollenverteilung und anstehende Aufgaben

Management vor Ort, und können wir das fachlich und menschlich korrekt beurteilen? Spätestens bei dieser Frage kommt Personalmanagement ins Spiel:

- Wer führt wie einzelne Gespräche?
- Was lassen wir uns zeigen oder vorlegen?
- Wird Compliance eingehalten?
- Machen wir Besuche vor Ort?
- Sprechen wir auch punktuell mit Mitarbeitenden der nachgeordneten Ebenen?
- Haben wir neben betriebswirtschaftlichem Wissen auch – zumindest einzelne Mitglieder – das Beurteilungsvermögen: Sind die Ziele korrekt formuliert?
- Sind die gewählten Maßnahmen geeignet, um die formulierten Ziele zu erreichen?

Wenn ich hier von Transformation spreche, so gehe ich immer davon aus, dass das jeweilige Krankenhaus zukunftssicher gemacht bzw. auf zukünftige (gesellschaftliche) Herausforderungen vorbereitet werden soll. Folgende Herausforderungen könnten das beispielsweise sein:

- Reduzierung und Auflösung der fortdauernden Verluste
- Neuaufstellung eines Klinikbereichs
- Angebot spezifischer Leistungen (z. B. geriatrische Angebote)
- Digitales Patienten-Onboarding
- Wechsel oder Neueinstellung einzelner Klinikmanager oder -managerinnen
- Fusionierung mit einem anderen Krankenhaus
- Auflösung eines Teilstandorts
- Schaffung eines Klinikverbunds

Bei der Betrachtung dieser Herausforderungen wird deutlich, wie komplex die einzelnen Aufgabenfelder sind. Dennoch, alle haben direkt oder indirekt mit Personalmanagementstrategien zu tun. »Dazu muss der Aufsichtsrat allerdings über ausreichend analytische

Kompetenz verfügen. Der Personalauswahl und der Weiterbildung von Aufsichtsräten wird zukünftig eine entscheidende Rolle zukommen« (ebd.).

Aufsichtsräte sollten sich im positiven Sinne deutlicher einmischen. Nicht nur als Kontrolleure, vielmehr auch als Unterstützer der Vorstände und Geschäftsführungen in den Krankenhäusern: als Diskussionspartner, Ideengeber, Mahner und Mitentscheider. Sie sollten sich fragen, wie laufen unsere Meetings ab? Reichen die angesetzten Treffen? Fehlt uns für die anstehende Aufgabe fachlicher Input? Externe Beratung kann hierbei punktuell nicht nur das Krankenhausunternehmen und -management, sondern auch den Aufsichtsrat selbst strategisch fachlich beraten und begleiten (Kamp, 2017, S. 17).

2.7 Rolle der externen Beratung

Beratung ist eine Dienstleistung. Sie gibt es in allen Wirtschaftsbereichen und für alle Themen bzw. Fragestellungen. Ich spreche hier nicht von juristischer und/oder betriebswirtschaftlicher Beratung, sondern von systemischer (Organisations-)Beratung des Krankenhausmanagements in der Transformation. Der Fokus liegt hier eindeutig »auf dem Erteilen von Ratschlägen sowie dem Angebot von Fachwissen und Erfahrungen« (Tewes, 2009, S. 81).[7]

Die Beraterin oder der Berater kommen »von außen«, sie gehören nicht zum System Krankenhaus, sie sind unabhängig. Mit ihrem spezifischen Wissen können sie das Management mit »externer Brille« unterstützen. Sie entlasten Führung und haben das Methoden-Know-how, das allgemein nicht zum Arbeitsalltag des Managements gehört. Ihr Input kann zur Transformationsbeschleunigung beitragen.

---

7 Die Begriffe Coaching, Supervision, Mentoring und Beratung werden leider oft synonym verwendet, das ist falsch. Siehe hierzu auch Tewes, ebd.

2 Rollenverteilung und anstehende Aufgaben

Bevor ein Beratungsunternehmen oder ein:e Einzelberater:in beauftragt wird, stellen sich für das beauftragende Krankenhaus spezielle (Personalmanagement-)Fragen: Welche Erfahrungen hat der oder die involvierte Berater:in? Passt »die Chemie«? Ist Integrität erkennbar? Gibt es spezifische Referenzen? Kann eine Mitgliedschaft im Bundesverband Deutscher Unternehmensberatungen und Zertifizierung nachgewiesen werden?

Die involvierte Beratung ist in der Transformation auf die vom Management formulierten Problemstellungen fokussiert, hierzu gehören Strategieentwicklung, Reorganisation und Rollenklärung einzelner Personengruppen. Beratung ist heute zunehmend wissensabhängig, anders als noch vor ein paar Jahren. »Die früher so beliebte Trennung von Fach- und Prozessberatung lässt sich in der Praxis immer seltener aufrechterhalten. Gefragt sind Berater und Beraterinnen, die ein hohes Maß an Professionalität sowohl im Umgang mit den inhaltlichen Dimensionen der zu bearbeitenden Problemstellungen aufweisen, die aber auch in der Gestaltung und Steuerung der erforderlichen Prozesse zur erfolgreichen Lösung der Klientenprobleme ihren spezifischen Beitrag leisten« (Wimmer, 2004, S. 250).

Die oder der Berater:in muss auf Ideen kommen, an die bisher die Akteure im System Krankenhaus nicht gedacht haben. Dabei sind u. a. folgende Fragen relevant: Gibt es spezifische Zielvorgaben des Managements und/oder des Aufsichtsrats? In welcher Reihenfolge ist die Reorganisation zu gestalten (Masterplan, Roadmap)? Die Aufgabenänderungen haben welche Mitarbeiterprofile zur Folge (Rollenerweiterung)? Wer muss wie informiert werden (Kommunikationsmatrix)? Soll partizipativ vorgegangen werden? Welche Veränderungen werden durch die Neustrukturierung entstehen? Wer von den Führungskräften muss spezifisch beraten werden? Sollen Lernräume für Einzelne, für Teams geschaffen werden?[8]

---

8 Ein Beispiel für das praktische Vorgehen von Beratung in einem Transformationsprojekt mit Personalmanagementaufgaben siehe: Küpper, 2008, S. 47–61.

2.7 Rolle der externen Beratung

Beratung ist bei Transformationsvorhaben als Dienstleistung gefragt, die das Krankenhausmanagement »sowohl bei der Klärung seiner inhaltlichen Problemdimensionen unterstützt als auch den Bearbeitungsprozess selbst professionell mitgestaltet« (Wimmer, 2004, S. 254).

3 Vision, Mission, Leitbild und Werte

3.1 Warum Zukunftsentwürfe wichtig sind

Bei Transformationsvorhaben im Krankenhaus, die mit Veränderungen einhergehen, ist der Blick in die Zukunft unabdingbar. Im positiv gemeinten Sinne sind Zukunftsentwürfe Visionen. Sie sagen, wo wir hinwollen, was wir erreichen wollen und wo wir uns in der Zukunft sehen. Die Vision beschreibt das erstrebenswerte Idealbild des Krankenhauses und ist Synthese von Machbarkeits- und Wunschprojektionen. Sie ist die Vorstellung für die absehbare Zukunft und wird – mit Unterstützung der Aufsichtsräte – vom Vorstand bzw. der Geschäftsführung formuliert.

In der Praxis wird beim Blick in die Zukunft und der Formulierung von unternehmerischen Zielen weniger von Visionen als vielmehr vom Unternehmensleitbild gesprochen. Das Leitbild lenkt die Entscheidungen, das Verhalten und die Kommunikation im Unternehmen Krankenhaus.

Entscheidend für die Umsetzung des Leitbilds sind die Führungskräfte. Sie müssen an das Leitbild glauben, es kommunizieren und eventuell vorleben, und sie sollten seine Durchsetzung sicherstellen.

Im Unterschied zur Vision bzw. zum Unternehmensleitbild ist die Aufforderung zu einer bestimmten Handlung die Mission. Sie richtet sich direkt an die Mitarbeitenden. In der Mission kommt das Bekenntnis zu bestimmten Werten zum Ausdruck.

Die einzelnen Aspekte (Vision, Mission, Werte) lassen sich anhand einiger entscheidender Fragen charakterisieren (▶ Abb. 1).

3.1 Warum Zukunftsentwürfe wichtig sind

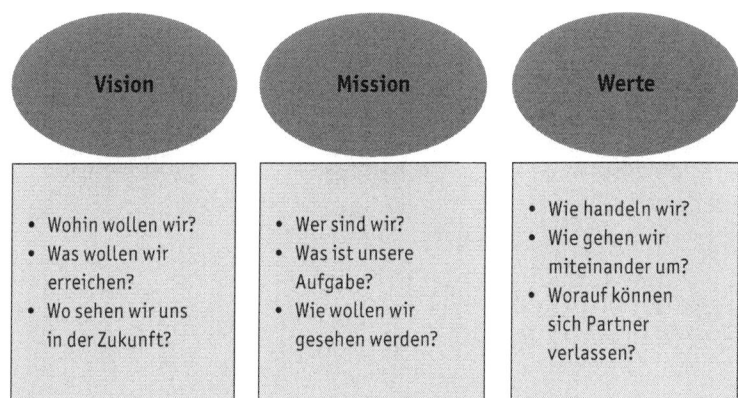

Abb. 1: Schlüsselfragen für Vision, Mission und Werte

Ein Beispiel für ein Krankenhaus der Regelversorgung

Vision (Unternehmensleitbild)
»Wir schreiben in den nächsten zwei Jahren schwarze Zahlen und sind Magnetkrankenhaus in unserer Region.«

Mission
»Wir sind in [...] die Ansprechpartner für Ihre Gesundheit: Wir arbeiten kompetent, auf uns können Sie sich verlassen.«

Werte
»Professionalität, Kompetenz, Innovation, Qualität, Fürsorge, Vertrauen und Verlässlichkeit.«

Erst das Formulieren und Operationalisieren der gemeinsamen Werte bringt ein (Krankenhaus-)Unternehmen nachhaltig positiv und adäquat weiter in die Zukunft.

3.2 Gemeinsame Werte bringen einen Schritt weiter

Wir alle wissen, wie wichtig Werte für das Zusammenleben sind. Sie leiten unser Handeln im Privaten, aber ganz besonders auch im Beruf bzw. Arbeitsalltag. Alle, die eine Berufsausbildung durchlaufen haben, erinnern sich, wie Werte vermittelt werden und schließlich den sogenannten Habitus fortdauernd bestimmt haben. Wir haben beispielsweise gelernt pünktlich zu sein, korrekt zu arbeiten, uns ordentlich zu kleiden und Patient:innen fürsorglich zu behandeln. Durchmischt sind diese Werte durch Wertvorstellungen, die aktuell (gerade der jüngeren Generation) wichtig sind, wie Selbständigkeit, individuelle Freiheit, Gestaltungsmöglichkeit, Vereinbarkeit von Beruf und Privatleben.

Konflikte entstehen, wenn Werte nicht zusammenpassen und/oder verletzt werden. Diese Friktionen halten zielgerichtetes Handeln auf und blockieren professionelles Arbeiten. Das ist im Krankenhaus – aber nicht nur dort – fatal. Eine zentrale Personalmanagementstrategie bei der Erneuerung eines Krankenhauses mit dem Ziel einer gelingenden Transformation ist also der Abgleich und das Formulieren gemeinsamer Werte. Sich gemeinsamer Werte bewusst sein, bringt einen Schritt weiter. Werte machen das Leben wertvoller und einfacher. Führung muss sich hier fragen, inwieweit der eigene Führungsstil zur Situation passt. Die Führungskraft vor Ort übernimmt eine Schlüsselrolle. Sie »trägt [...] die Verantwortung für das Initial der Systemänderung. Sein oder ihr wollen für die Veränderung des Systems ist [...] durch nichts zu ersetzen« (Starker, 2022, S. 112).

3.3 Das Konzept Leitbild-Management

Nun zur praktischen Vorgehensweise:
Das Unternehmensleitbild wird für den Erneuerungsprozess vom Vorstand bzw. von der Geschäftsleitung formuliert. Der Aufsichtsrat achtet auf eine adäquate Formulierung und öffnet den Weg für weitere Schritte. Dieses verbriefte Leitbild gibt dem Krankenhaus eine präzise Handlungsgrundlage: Es sind die Unternehmensziele.

Die nächsten Handlungsschritte sollten über eine interdisziplinär zusammengesetzte Projektgruppe (wie Pflege, Ärzt:innen, Therapeut:innen, technische und Verwaltungsmitarbeitende) bearbeitet werden. Diese Gruppe hat 12–14 Teilnehmende und trifft sich vier- bis fünfmal. Sie hat die Aufgabe, anhand der Unternehmensziele Leitsätze, die dazu gehörenden Werte sowie passende Personalmanagement-Instrumente abzuleiten. Dieses Vorgehen kann als partizipativ und induktiv definiert werden. Häufig werden diese Projektgruppen durch Beratung unterstützt, moderiert und gesteuert.

Bleiben wir bei dem o. a. Beispiel in ▶ Kap. 3.1: »*Wir schreiben in den nächsten zwei Jahren schwarze Zahlen und sind Magnet-Krankenhaus in unserer Region*«, so könnte im Rahmen des Leitbild-Managements die Operationalisierung entsprechend erfolgen (▶ Tab. 3):

3 Vision, Mission, Leitbild und Werte

Tab. 3: Operationalisierung im Rahmen des Leitbild-Managements

Leitsatz	Werte	Personalmanagement-Instrumente für Führung
Wir geben unsere Erfahrungen und unser Wissen weiter.	Offenheit, Transparenz, Fürsorge, Vertrauen, Gestaltungsmöglichkeit	Mitarbeiter-Vorgesetzten-Gespräche, Arbeitsgruppen, Mentoring, Delegation
Wir unterstützen eine Atmosphäre der Offenheit, des Vertrauens und der gegenseitigen Akzeptanz.	Offenheit, Vertrauen, Selbständigkeit, Akzeptanz, Gestaltungsmöglichkeit, Wertschätzung	Managementweiterbildung, Teamgespräche, Mitarbeitergespräche, Lob aussprechen, Selbstreflexion, New-Work-Modelle: kürzere Arbeitszeiten, Work-Life-Balance, Vertrauenskultur schaffen

Um das Unternehmensleitbild bzw. die -ziele umzusetzen, sollten die Leitsätze besprochen und die Werte reflektiert werden (► Abb.2):

- Die vorgeschlagenen Instrumente und Maßnahmen werden vom Vorstand/von der Geschäftsführung ergänzt.
- Die Leitsätze werden auf den Teamsitzungen auf allen Ebenen mit allen Mitarbeitenden besprochen.
- Das Führungsverhalten wird durch Coaching und Training hinterfragt und im Sinne des Unternehmensleitbilds reflektiert.
- Die Leitsätze und die Werte werden bei Zielvereinbarungen berücksichtigt.
- Die Leitsatzinhalte und das gelebte Verhalten werden im Rahmen von Teambesprechungen und Einzelgesprächen kontinuierlich abgeglichen.
- Die in den Leitsätzen und im Unternehmensleitbild erwähnten Werte werden bei der Auswahl von Bewerberinnen und Bewerbern berücksichtigt. Jede neue Mitarbeiterin, jeder neue Mitarbeiter erhält mit der Einstellung ein Handout mit den Leitsätzen.

3.3 Das Konzept Leitbild-Management

- Das Unternehmensleitbild wird im Geschäftsbericht und die Leitsätze auf der Homepage vorgestellt.
- Die Leitsätze werden alle zwei Jahre von Mitarbeitenden im Krankenhaus evaluiert: Passen sie noch zu unserer Unternehmenskultur, und was ist gut und was muss sich ändern?

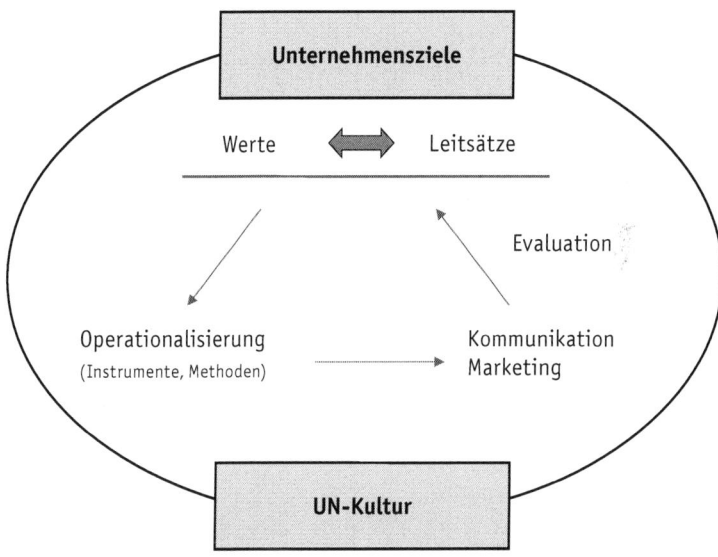

Abb. 2: Leitbild Management

4 Kreative und konsequente Umsetzung

4.1 Masterplan für die PE-Projekte

Wenn es an die Umsetzung der Ziele und Einleitung der Transformation geht, ist Kreativität und Konsequenz vor Ort in den Abteilungen und auf den Stationen gefragt. Die Führungskräfte benötigen darüber hinaus adäquate Kompetenz und Methoden-Know-how. Die Ausgangsfragen sind auch »im Kleinen«: »Wie soll meine Abteilung, meine Station im Sinne der gesetzten Ziele inhaltlich bis 20... aufgestellt sein? Welche Personalentwicklung ist dafür (und überhaupt) nötig?«

Diese Fragen können nicht einfach so (von oben) beantwortet werden. Jede Arbeitseinheit (hier Abteilung, Station) benötigt hierfür einen Plan, der – egal welches Ziel die Transformation für das Krankenhaus/die Klinik insgesamt hat – für die Intensivstation bspw. inhaltlich anders verläuft als für die OP-Abteilung oder die Notaufnahme. Die Abteilungsleitungen und die Team- bzw. Stationsleitungen haben die Aufgabe, einen spezifischen für ihren Verantwortungsbereich geltenden Masterplan zu erstellen.[9] Sie stehen dabei im Austausch mit ihren direkten Vorgesetzten (wie Chefärzt:innen, Pflegedienstleitungen) (▶ Abb. 3).

---

9 Die Praxis zeigt leider, dass sehr häufig im Arbeitsalltag während großer Change-Maßnahmen nicht in dieser Konsequenz vor Ort vorgegangen wird. Oftmals wird einfach weitergemacht wie bisher oder Einzelmaßnahmen ersetzen einen strukturierten Plan. Es wundert nicht, wenn Ziele so nicht eingehalten werden können oder der Erneuerungsprozess insgesamt scheitert.

4.1 Masterplan für die PE-Projekte

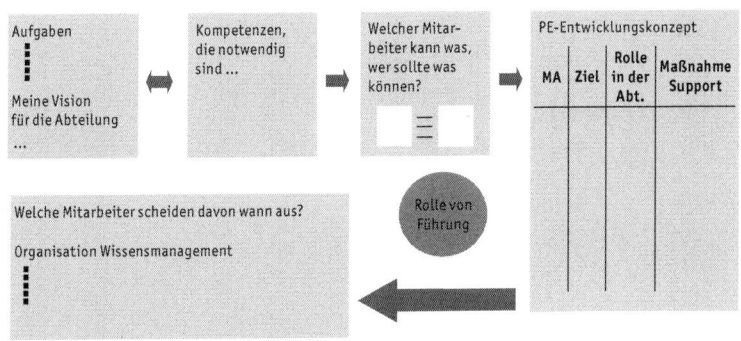

Abb. 3: Personalmanagement-Masterplan

Fragen, die beantwortet werden müssen:

- Welches Leitbild, welche Vision habe ich als Führungskraft für meinen Verantwortungsbereich im Rahmen der Gesamtvision des Krankenhauses?
- Welche (neuen) Aufgaben haben wir nach der Veränderung?
- Welche Kompetenzen mit welchen Rollen sind zukünftig notwendig?
- Welche:r Mitarbeiter:in kann heute was, wer sollte was zukünftig können?
- Welche Konsequenzen ergeben sich für unser abteilungs-/stations-, teamspezifisches PE-Entwicklungskonzept?
- Scheiden evtl. Mitarbeitende aus? Wann? Muss Wissensmanagement organisiert werden? Wer ist dabei wie involviert?

> Wie soll meine Abteilung/meine Station inhaltlich bis zu einem gewissen Zeitpunkt aufgestellt sein? Welche Personalentwicklung ist nötig?

4 Kreative und konsequente Umsetzung

Dieser Personalmanagement-Masterplan wird zunächst inhaltlich anhand der o.a. Fragen festgelegt. Im zweiten Schritt werden die Maßnahmen bzw. Support-Themen auf eine Zeitschiene gesetzt.

Aufgabe, Thema	Ziel	Bis wann?	Wer ist verantwortlich?	Stand checken

Spätestens jetzt werden die direkten Vorgesetzten, die Ansprechpersonen in der Personalabteilung und der Betriebs- bzw. Personalrat informiert und beratend eingebunden. Der Masterplan für einen bestimmten Bereich wird vorgestellt, diskutiert, ergänzt und verabschiedet. Den Stafettenstab für die strukturierte Umsetzung übernimmt der oder die jeweilige Vorgesetzte.

4.2 Transparenzkultur: Überzeugungsarbeit leisten

Von den Verantwortlichen vor Ort wird bei der Konkretisierung der Umsetzungsschritte eine große Handlungssicherheit verlangt: Sie sollten den Ablauf und die Folgen des Masterplans antizipieren und Ambiguitäten aushalten können. Denn die Mitarbeitenden sind zu Recht in dieser Situation verunsichert: Was bedeutet diese Veränderung für mich? Was werde ich tun und eventuell noch neu lernen müssen? Behalte ich meine Kolleginnen und Kollegen?

Dies sind nur einige Fragen, die sich stellen. Die Vorgesetzten sollten für Gespräche jederzeit bereit sein, sie müssen Ängste nehmen und die Ziele der anstehenden Veränderungen gut erklären können.»Es muss in intensiven Kommunikationsschleifen mit den Betroffenen immer wieder geklärt werden, was schon entschieden ist

4.2 Transparenzkultur: Überzeugungsarbeit leisten

und was [...] den weiteren Prozessschritten zur Erarbeitung obliegt« (Wimmer, 2004, S. 170).

Erneuerungsprozesse implizieren immer Transformation. Die Führungskräfte vor Ort sind diejenigen, die den Transfer aktiv »ohne Wenn und Aber« gestalten, steuern und umsetzen müssen. Der Erfolg hängt maßgeblich von ihnen und ihren Mitarbeitenden ab. Sie müssen auf der einen Seite unter Umständen ihre eigene Rolle hinterfragen und auf der anderen Seite offen sein für Gespräche und das richtige Wort finden. Nicht selten wird in diesem Prozess zu Recht externe Beratung in Anspruch genommen. Wenn man zu viel auf einmal verändern will, kann man schnell das System überfordern und genau das Gegenteil erreichen. »Ein erheblicher Erfolgsfaktor für Transformationsprozesse« ist wie so oft das gute Timing (ebd., S. 171).

Die Erfahrung zeigt, dass es gut ist, regelmäßig Teamsitzungen, vielleicht auch mit der Überschrift »Transformationssitzung«, abzuhalten. Das ist sinnvoll, auch wenn man als Vorgesetzte:r manchmal denkt, »Dafür habe ich an sich keine Zeit, auch das noch...« Es zahlt sich aus, den Mitarbeitenden regelmäßig Raum zu geben und Rede und Antwort zu stehen, sie auch mit ihren Beobachtungen und Anregungen aktiv einzubinden.

Auf diesen Sitzungen können Fortschritte des eigenen Bereichs vorgestellt sowie Haken und Ösen erörtert werden. Darüber hinaus können hier Gäste, wie Kollegen aus anderen Bereichen, über ihre Erfahrungen berichten, Informationen authentisch weitergeben oder mit hilfreichen Tipps beratend unterstützen.

Wie bei allen Change-Vorhaben – darunter fallen auch Erneuerungsprozesse – benötigt man viel Zeit für die Mitarbeitenden. Die Führungskräfte werden spezifisch gefordert, denn die »Arbeit mit dem Personal« läuft parallel zum sonstigen Alltagsgeschäft. Nicht nur das: Sie bekommt eine größere qualitative Bedeutung – sowohl inhaltlich als auch zeitlich.

4.3 Personelle Erneuerung im operativen Management

Die über Jahrzehnte gewachsenen Strukturen mit ihren hierarchisch vorgegebenen Rollenverteilungen kommen in der Transformation an ihre Grenzen. Die traditionelle Arbeitsteilung und die alten Rollenbilder können den aktuellen und anstehenden Herausforderungen im Krankenhaus nicht mehr gerecht werden (Hurlebaus & Küpper, 2022, S. 1024 ff.). Bereits heute wird in vielen Kliniken daran gearbeitet, Kompetenzen zu erweitern, Aufgaben umzuverteilen, Verantwortlichkeiten neu zu gestalten und Berufsbilder aufzuwerten. Im operativen Management findet eine personelle Erneuerung statt. Unterstützt wird diese durch neue Ausbildungswege, wie pflegewissenschaftliche Studiengänge.

»Zur Transformation gehören seit geraumer Zeit [...] erweiterte Rollenbilder, die dabei helfen sollen, den herausfordernden Ansprüchen im Krankenhaus noch professioneller gerecht zu werden.« (Hurlebaus & Küpper, 2022, S. 1024)

Was heißt das? Bei welchen Arbeitsabläufen, in welchen Situationen entstehen immer wieder Reibungen? Wie können Entlastungen bereitgestellt werden?

Eine Antwort auf diese Fragen ist die Schaffung *neuer Rollen*. Diese neuen Rollen sollen zum einen auf der Basis ihres spezifischen Wissens professionellere und schnellere Ergebnisse liefern, zum anderen die »alten Rolleninhaber« entlasten.

Neue Rollen sind zum Beispiel Nurse Practitioner, Case Manager, Pflegefachassistent oder Pflegepädagogische Leitung. Insbesondere die pflegerischen Mitarbeitenden sind von laufenden und anstehenden Transformationsprozessen betroffen. In keinem anderen Beruf im Krankenhaus wie in der Pflege sind umwälzende Musterwechsel angezeigt. Aber nicht nur hier; denn auch die angrenzenden Berufe werden sich auf diese Erneuerungen ein- und umstellen müssen.

4.3 Personelle Erneuerung im operativen Management

Dieser Change verursacht Rollenunsicherheiten: Ein zunehmendes Arbeiten verschiedener Berufsgruppen »auf Augenhöhe« lässt Friktionen erahnen. Wie immer ist Führung hier gefragt, darauf vorzubereiten und entsprechend einzugreifen. Diese Um- und Neuverteilungen der Aufgaben werden in *Stellenbeschreibungen bzw. -profilen* dargestellt. Das heißt, einerseits werden bestehende Stellenbeschreibungen überarbeitet und andererseits müssen neue Stellenbeschreibungen für die neuen Rollenbilder erarbeitet werden. Aufgaben und Befugnisse sind hierin beschrieben, und sie geben den Rolleninhaber:innen und Vorgesetzten Handlungssicherheit. In den Stellenbeschreibungen werden auch die jeweiligen Rollenbezeichnungen, wie Pflegepädagogische Leitung, festgelegt.

Bei der Einführung bzw. in der Umsetzungsphase »müssen von allen Beteiligten Ambiguitäten ausgehalten werden: Das Eingreifen der ›Neuen‹ in die Befugnisse der ›Alten‹, veränderte Hierarchien, das Wegnehmen von Aufgaben, nicht mehr akzeptiert werden als Vorgesetzte, wer was darf und tun sollte gerät durcheinander und nimmt nicht selten den Mitarbeitenden in der neuen Rolle die Freude an der gestellten Herausforderung« (ebd., S. 1024).

Auch hier wird wieder deutlich, wie wichtig das Bedenken adäquater Personalmanagementstrategien bei der Erneuerung ist. Nicht nur die konzeptionelle Erarbeitung auch die adäquate Begleitung bei der Umsetzung vor Ort verlangt eine Unterstützung der Akteure sowohl auf der Sach- als auch auf der Beziehungsebene. Von Bedeutung ist, dass frühzeitig positive Effekte, wie Entlastung Einzelner, Optimierung der Behandlungserfolge, Reduzierung von Friktionen, sichtbar werden.

Zusammengefasst sollte bei der Einführung neuer Rollenbilder Folgendes bedacht werden (ebd., S. 1025):

- Aufnahme aller (geplanten) Aufgaben in einer Arbeitseinheit nach der Veränderung
- Erarbeitung der Stellenprofile der neuen Rollen

4 Kreative und konsequente Umsetzung

- Überarbeitung und Abgleich aller involvierten Stellenbeschreibungen
- Einbindung der Sozialpartner
- Einweisung der Mitarbeitenden mit neu geschaffenen Rollen
- Die direkten Vorgesetzen werden ihre eigene Rolle hinterfragen und den neuen Rolleninhaber:innen Unterstützung geben müssen.
- Alle beteiligten angrenzenden Berufsgruppen – wie Ärzt:innen, Physiotherapeut:innen, medizinisch-technisches Personal – bekommen eine Einführung.

»Die Chancen für eine erfolgreiche Transformation des Gesamtsystems und in den einzelnen Institutionen sind groß. Wichtig ist – im Großen und im Kleinen – die Akteure auf diesem Weg einzubinden und ein Stück der strategischen Kompetenzen an die Basis zu verlagern« (ebd., S. 1025). Dies verlangt sicherlich ein »neues Denken«: Jede Mitarbeiterin, jeder Mitarbeiter übernimmt die Verantwortung für das eigene Tun. Sie sind in ihrer Rolle Expertin und Experte mit spezifischem Wissen und Können. Mitarbeitende müssen sich emanzipieren und aktiv beruflich handeln. Führung im Sinne transformationaler Führung sollte hierbei unterstützen, befähigen und loslassen.

5 Zuständigkeiten und Verantwortung

5.1 Organigramme geben Struktur

Bei allen neu entstandenen Strukturen ist es unerlässlich, in der Transformation Transparenz zu schaffen. Auch wenn die Mitarbeiterbasis aktiver eingebunden wird, bleiben Krankenhäuser letztendlich hierarchisch organisiert:

- Was wird von der Gesellschaft, von der Politik gefordert?
- Wie und mit welchen Abteilungen ist unser System (neu) aufgestellt?
- Wer ist wo positioniert?
- Wer darf wem etwas sagen? Wer ist wem unterstellt?
- Wie sind wir vernetzt?
- Wie sehen die offiziellen Kommunikationswege aus?

Organigramme liefern hierauf Antworten und schaffen Transparenz und Klarheit.

Je größer eine Arbeitsorganisation ist, desto zwingender sind Organigramme notwendig. Sie setzen graduelle Hierarchie voraus und zeigen den Aufbau einer Arbeitsorganisation, eines Unternehmens oder einzelner Organisationseinheiten, wie Klinikbereiche, Abteilungen. Größere Krankenhäuser und Universitätskliniken haben Organigramme für ihre Einrichtungen erstellt. Sie sind in der Regel auf

5 Zuständigkeiten und Verantwortung

der jeweiligen Homepage mit Rollenbezeichnung und Namen abgebildet.[10]

Es gibt nach wie vor kleine Krankenhäuser, die kein offizielles Organigramm haben. Und fragt man in Abteilungen nach: »Wie sind Sie aufgestellt?«, bekommt man häufig keine richtige Antwort. Die Erfahrung zeigt jedoch, dass es sinnvoll und hilfreich ist, eine Abbildung des eigenen Verantwortungsbereichs zu haben.

Insbesondere in neuen Situationen, wie während einer Veränderung in der Transformation, hilft es den Mitarbeitenden, ihre eigene Verortung im System zu sehen. Nicht nur für die bestehende Belegschaft, auch für potenzielle und neue Mitarbeiterinnen und Mitarbeiter ist es gut zu wissen, wie der zukünftige Arbeitgeber aufgestellt ist und wo die erste eigene Position steht. Kurzum: Spätestens während und/oder nach der Transformation sind institutions- und abteilungsspezifische Organigramme zu erarbeiten und der Belegschaft vorzustellen.

Wird ein Organigramm erstellt, ist zu prüfen, wie detailliert es werden soll. Sollen alle nachgeordneten Ebenen aufgeführt werden; was ist mit den Stabsstellen; sind bei abteilungsspezifischen Organigrammen jede Mitarbeiterin, jeder Mitarbeiter zu nennen oder lediglich einzelne Mitarbeitergruppen?

Organigramme müssen gepflegt und regelmäßig aktualisiert werden. Diese Aufgabe kann gut einem Mitarbeitenden in der Personalabteilung oder einer Stabsstelle übertragen werden. Im Internet lassen sich hierzu zahlreiche Vorlagen und Erarbeitungsprogramme finden.

---

10 Auch unter dem Suchbegriff »Organigramm Krankenhaus« lassen sich zahlreiche authentische Beispiele finden.

5.2 Den Rahmen setzen

Auch wenn Eigenverantwortung und basisorientiertes Denken in den Fokus rücken, muss der Rahmen »von oben« gesetzt werden. Bei Einrichtungen, die einige hundert bis weit über tausend Mitarbeitende haben, gilt dies ganz besonders. Aber nicht nur die hohe Anzahl der Beschäftigten, auch der mit Standards und gesetzlichen Regelungen vorgegebene Handlungsablauf setzt der Beteiligung jedes Einzelnen Grenzen.

> Was heißt das: »Der Rahmen muss gesetzt werden?«

Egal zu welchem Träger das jeweilige Krankenhaus gehört, sind die Kriterien für die Rahmensetzung gleich: Zweck der Einrichtung (Handlungsauftrag), Spezialisierung, Struktur, Anzahl der Mitarbeitenden, Wissen der Einzelnen, Standort, Patientenaufkommen. Diese Kriterien werden nicht von Akteuren, wie Mitarbeitenden, Betriebsräte oder der unteren Führungsebene gesetzt. Es sind grundsätzliche Entscheidungen, die von der Politik, von der Geschäftsführung, vom Vorstand und den Aufsichtsräten inhaltlich gesetzt werden. Die operativ agierenden Führungskräfte des mittleren bis oberen Managements, wie Pflegedienst- und Bereichsleitungen, Chef- und Oberärzt:innen, können und sollen bei der jeweiligen Rahmensetzung vor Ort mitwirken. Umfangreiches Personalmanagement-Know-how hilft dabei.

Ein Beispiel zur Wichtigkeit des Personalmanagement-Know-how

Rahmensetzung in der Frauenheilkunde, eine Abteilung des St. Elisabeth Hospitals, ein Krankenhaus der Regelversorgung im ländlichen Raum.
Der Zweck ist, gynäkologische Leistungen weiterhin dauerhaft anzubieten. Man will einwohnernah u. a. über diese Leistungen den

5 Zuständigkeiten und Verantwortung

Standort sichern. Eine Spezialisierung auf Senologie/Brustchirurgie ist möglich. Die angestellte Chefärztin ist darauf u. a. spezialisiert. Das Patientenaufkommen ist noch nicht am Limit und kann weiter ausgebaut werden. Ziel ist es, ein Brustkrebszentrum im St. Elisabeth Hospital zu etablieren.

Die Abteilung ist auf einer Etage mit 16 Betten untergebracht, eine Erweiterung auf 22 Betten ist durch Umbaumaßnahmen bereits von der Geschäftsleitung und dem Aufsichtsrat entschieden. Unabhängig davon sind zwei Oberärzte, zwei Stationsärztinnen (eine in Teilzeit), zwei Fachärzte sowie vier Assistenzärzte dort beschäftigt, in der Pflege gibt es inkl. Teamleitung sechs Beschäftigte (zwei in Teilzeit). Sie arbeiten im Dreischichtsystem. Der Rahmen ist so weit gesetzt.

Die Chefärztin und die zuständige Pflegedienstleitung haben die Aufgabe, den Rahmen für die angestrebte Leistungserweiterung des neuen Brustzentrums zukunftssicher weiter zu konkretisieren: Reicht die Anzahl der Mitarbeitenden in der Ärzteschaft und in der Pflege? Müssen Neueinstellungen bzw. Umbesetzungen mit welchen Qualifizierungen vorgenommen werden? Welche Kompetenzen sind bereits vorhandenen? Wie und bei wem sind Fortbildungen angebracht? Können die vorhandenen OP-Säle das mögliche höhere OP-Aufkommen verkraften?

Ein berufsübergreifendes und teamorientiertes Arbeiten ist für das Management notwendig. Neben der alltäglichen Arbeit »im laufenden Betrieb« wird hier Zeit in ein Zukunftskonzept zu investieren sein. Auch die Mitarbeitenden können und sollten jetzt mit ihren Ideen partizipativ eingebunden werden.

Die Führungskräfte schaffen gemeinsam mit ihren Mitarbeitenden anhand der Rahmenvorgaben ein neues Konzept für spezifische gynäkologische Leistungen im St. Elisabeth Hospital. Das funktioniert nur, wenn das Management bereit ist, unternehmerisch und multiprofessionell zu denken und sich mit strategischen Fragen zu befassen. Ein gewisses Personalmanagement-Know-how ist auch hier unerlässlich.

5.3 Denken und Handeln in Prozessen

Spätestens jetzt, wenn neue Strukturen geschaffen werden (sollen) und sich Kliniken und/oder Krankenhausbereiche transformieren und neu aufstellen, ist bei allen Beteiligten ein prozessorientiertes Denken und Handeln Grundvoraussetzung für eine gelungene Veränderung. Sätze wie »Damit habe ich nichts zu tun!«, »Ich weiß nicht, was die da wollen.«, »Da kann ich nichts zu sagen, das liegt nicht in meiner Verantwortung.« sollten obsolet sein. Dennoch, nach wie vor wird häufig so gedacht.

Zum althergebrachten Denken gehören Muster, die aufgelöst bzw. verändert werden müssen. Solche Muster sind zum Beispiel bei der Reihenfolge der Arbeiten oder den Kommunikationsabläufen zu sehen: Visitenzeiten werden nicht eingehalten, aber von den Mitarbeitenden auf der Station sofortiges zur Verfügung stehen erwartet; Sitzungsprotokolle werden mit viel Aufwand geschrieben, aber niemand hält sich an die festgehaltenen Absprachen; Informationen des Vorstands werden gar nicht oder lediglich unzureichend an die Teams weitergegeben. Dies sind Beispiele! Alle Beschäftigten, von der Führung bis zur Basis, sind hier gefordert, die bestehenden Muster zu hinterfragen und neu zu gestalten (vgl. Hurlebaus & Küpper, 2019, S. 128).

Hier den »Schalter umzulegen« ist nicht so einfach und bedarf der Personalentwicklung. Mitgestaltung initiieren ist Personalarbeit. Manchmal reichen einzelne Gespräche oder Hospitationen in anderen Abteilungen als Ringtausch. Oftmals werden auch Coachings und Workshops angeboten mit dem Ziel, sich Zeit zu nehmen, das eigene Handeln unternehmerisch und teamorientiert zu reflektieren: Was macht unsere Professionalität aus? Welche Folgen hat mein/unser Handeln für die angrenzenden Bereiche? Wo müssen wir an einem Strang ziehen? Welche neuen Spielregeln im Sinne unseres Leitbilds wollen wir aufstellen? usw.

Zum Erneuerungsprozess gehört es, dass alle eine andere Einstellung zur Arbeit bekommen und den Handlungsauftrag des Kranken-

5 Zuständigkeiten und Verantwortung

hauses berufsübergreifend begreifen und ihm damit unternehmerisch gerecht werden.

6 Kompetenz-Check: ein qualitatives und quantitatives Check-up

6.1 Kompetenzbedarfsanalyse: Wofür welche Mitarbeitenden?

Beschäftigt sich das Management mit der Erneuerung des gesamten Krankenhauses und/oder einzelner Bereiche taucht unweigerlich bereits bei der Konzepterstellung die Frage auf: Welche Auswirkungen werden die Veränderungen für unsere Beschäftigten haben, und wie finden wir adäquate Antworten?

Die Transformation einer Klinik in eine neue Zeit bedarf einer Bestandsaufnahme der (zukünftigen) Tätigkeiten und der vorhandenen Kompetenzen. Auch Altes, das vielleicht bestehen bleibt, erfährt in der Veränderung ein Upgrade.

Ablauf der Kompetenzbedarfsanalyse:
Identifikation von Leistungs- bzw. Tätigkeitsgruppen (Aufgaben, die aktuell und zukünftig gelöst werden müssen)

↓

Kompetenzprofile für die identifizierten Tätigkeitsgruppen erarbeiten (Eignungskriterien: z.B. organisatorisches Geschick, geriatrisches Fachwissen, ruhige Gesprächsführung, Handling von Kennzahlen)

↓

Abgleich der Bedarfe mit vorhandenen Kompetenzen (wie viele Mitarbeitende je Gruppe? Altersstruktur? Wer hat welche Ausbil-

dung? Wer kann was? Berufserfahrung? Wissenslücken? Wann gehen welche Beschäftigten in den Ruhestand?)
↓
Konzeption von Bildungsmaßnahmen (Können wir mit unserem bestehenden Personal die anstehenden Aufgaben/Tätigkeiten/Leistungen erledigen? Welche Maßnahmen sind notwendig? Welche neuen Konzepte müssen erarbeitet werden? Sind Personalrekrutierungen und/oder neue Berufsbilder angesagt?)
↓
Umsetzung und Steuerung der Maßnahmen als Personalentwicklungsoffensive (u.a. über Schulung, Training, Workshop, Mentoring, Coaching, inhouse, on the job, ...)

Die Durchführung der Kompetenzbedarfsanalyse ist oftmals eine Aufgabe für die jeweilige Personalabteilung in Kooperation und Austausch mit den Führungskräften der einzelnen Berufsgruppen und Bereiche.[11]

Bildung kann nicht an einem Punkt im (Berufs-)Leben stehenbleiben. Wissen und Erfahrungen ändern sich bei jedem sukzessiv und fortlaufend. Ein guter Arbeitgeber sollte dies ernst nehmen und zumindest ein jährliches Up-date der Mitarbeiterkompetenzen vornehmen:

Jährliches Kompetenz-Update

- Kompetenzprofil je Mitarbeitenden
- Einschätzung der Kompetenz-Ist-Ausprägung
- Kompetenzentwicklungs-Maßnahmen vereinbaren zwischen Führungskraft und
- Mitarbeitenden

---

11 Umfassende Anregungen, Hinweise und Methoden liefert Erpenbeck, J., v. Rosenstiel, L. (Hrsg.) (2003). Handbuch Kompetenzmessung. Stuttgart: Schäffer-Poeschel Verlag. Siehe hierzu auch ▶ Kap. 7.1 (Potenzialgespräch).

- On- oder Off-the-Job-Maßnahmen für Mitarbeitende organisieren
- Umsetzungsmonitoring

Das Kompetenzupdate sollte jährlich neu evaluiert werden.

Das jährliche Kompetenz-Update ist eine Aufgabe des/der jeweiligen Vorgesetzten. Aber auch in den Teams kann das Thema reflektiert und als Bedarf erörtert werden. Üblich sind bei den Arbeitsteams regelmäßige Teamsitzungen, die wöchentlich, monatlich oder vierteljährlich berufsgruppenspezifisch, heute zum Teil bereits berufsgruppenübergreifend stattfinden. Weg von einer »Meckerkultur« hin zum emanzipierten, verantwortungsbewussten Diskutieren und Handeln ist hier das Motto. Die Beschäftigten selbst haben oftmals die kreativsten Ideen, wie Neues geübt werden sollte und Wissenslücken sowie Unsicherheiten bei bestimmten Tätigkeiten ausgeglichen werden könnten.

6.2 Zuständigkeiten und Verantwortung

Entstehen neue Bereiche mit erweiterten und/oder neuen Herausforderungen, verändern sich sehr häufig die Zuständigkeiten. Das Management muss überlegen – vielleicht auch mit Unterstützung von externer Unternehmens- und Personalberatung – wie nach der Transformation jede Abteilung, jede Station durch wen und mit welchen Kompetenzen gesteuert werden soll. Die Zuständigkeitsbereiche verändern sich zumindest partiell. Es können sich für Einige die Verantwortungsbereiche verkleinern oder erweitern. Während der Veränderung werden also »die Karten neu gemischt«.

Zunächst ist es wichtig, die neue Struktur darzustellen. Das heißt, wie sehen die jeweiligen fachlichen Aufgaben aus und welche baulichräumlichen Gegebenheiten liegen vor. Wollen wir neue Führungsstrukturen schaffen oder bei der herkömmlichen Berufsseparierung bleiben, gehört als Frage dazu. Die komplette Klinik sollte so strategisch neu aufgestellt werden. Diese konzeptionelle Neuaufstellung wird von der Geschäftsleitung bzw. dem Vorstand erarbeitet. Hierzu finden Klausur- bzw. Strategietagungen statt.

Hier ein Raster für die Vorgehensweise:

Abteilung/Station/Bereich	....
Aufgabe/Funktion	....
Bereits vorhanden/wird neu eingerichtet	....
Personal vorhanden (wieviel VK)	....
Personalneubesetzung notwendig (VK)	....
Personalumsetzung möglich (VK)	....
Führungsstruktur herkömmlich ja/nein	....
Führungsstruktur: neue Rollen, berufsübergreifend, teamorientiert	....
Maßnahmen notwendig	....
Internes Assessment für Führungskräfte	....
Einstellung extern über Personalberatung	....
Workshop-Planung für	....
Umsetzung wann:	....

Die Konzepte werden dem Aufsichtsrat zur Erörterung und Verabschiedung vorgelegt. Vor der Umsetzung sind Gespräche mit Personal- bzw. Betriebsräten, einzelnen Führungskräften bzw. Mitarbeitenden und eine Mitarbeiterversammlung wichtig. Dieser Schritt ist für den Erfolg zwingend notwendig und muss mit viel Input, das heißt Fingerspitzengefühl und Erläuterungen passieren.

6.3 Neue Rollen und Führungsstrukturen müssen her

Die eigentlich große Herausforderung in der Krankenhaustransformation besteht darin, die alten Strukturen aufzubrechen. Die Kliniken sind fast immer noch hierarchisch strukturiert: An der Spitze der Herr Professor, umgeben von seinen Oberärzten. Frauen sind nach wie vor mit lediglich rund 10 % auf den ärztlichen Führungspositionen in der Minderzahl (Starker et al., 2022, S. 74 f.; Küpper & BDU-Thinktank, 2017). Die Beschäftigten in der Pflege sehen sich – fragt man nach – oftmals als Mitarbeitende der Ärzte, obwohl sie disziplinarisch und pflegerisch-fachlich der Pflegedirektion unterstellt sind. Diese Strukturen aufzubrechen, geht nicht auf Knopfdruck. Es ist konsequente Personalarbeit von Nöten, die wiederum die Führungskräfte, die Teil des Systems sind, leisten müssen. Obwohl fachlich keinerlei Zweifel »an den evidenzbasierten Vorteilen der Multiprofessionalität« (Starker, 2022, S. 49) bestehen, hakt es hier nach wie vor. Das interprofessionelle Zusammenarbeiten ist auch ein Demokratisierungsprozess und muss von Grund auf von allen Beteiligten neu gelernt werden. Doch was heißt das?

Es ist nicht nur notwendig, neue Rollen, wie Case Managerin oder Physician Assistent, einzuführen, vielmehr müssen sich darüber hinaus die bestehenden Rollen anders als bisher (zueinander) verhalten. Dies ist zum einen für einige Beschäftigte ein Emanzipationsschritt, sich des eigenen Könnens bewusst sein, auf Augenhöhe zu kommunizieren und sich in den Behandlungsprozess aktiv einzubringen – dies gilt insbesondere für die Pflegefachkräfte, Servicekräfte sowie physiotherapeutischen und medizinisch-technischen Mitarbeitenden – zum anderen werden die Ärzte und Ärztinnen sich für Kooperation und Interaktion mit den anderen Berufsgruppen öffnen müssen, das Wissen der anderen wertschätzen und gemeinsam im Team die Behandlungserfolge forcieren. Der Fokus der Führung im Sinne von New Work ist auf exzellente Ergebnisse gerichtet und nicht darauf, wer wem über- bzw. unterstellt ist. Voraussetzung ist die Neuordnung der Bereiche mit klaren Entscheidungsstrukturen (ebd., S. 142, 152) (▶ Kap. 5.1).

Notwendige praktische Schritte für die Neuaufstellung:

- Die Berufsgruppen bleiben erhalten, aber die Tätigkeitsprofile mit klaren Aufgabendefinitionen sind aufeinander abgestimmt, um multiprofessionell im Team zusammenarbeiten zu können.
- In den Auswahlverfahren für Führung – insbesondere bei den Ärzt:innen, aber auch zum Teil in den anderen Berufsgruppen – müssen erweiterte Schwerpunkte bzw. Kriterien gesetzt werden: Neben dem medizinischen, technischen und/oder pflegerischen Wissen sind soziale und Führungskompetenzen gleichrangig wichtig für die jeweilige Positionierung.
- Die Einarbeitungskonzepte sollten standardisiert sein, das heißt die Inhalte und die Abfolge sind vorgegeben und nicht abhängig vom Stil und Engagement des/der Einarbeitenden.
- Der inhaltliche Transfer von Fortbildungen der Führungskräfte in den Arbeitsalltag muss evaluiert werden.
- Positive Führung im Sinne der Erneuerungsprozesse heißt: Führung ja, aber in teamorientierter Zusammenarbeit. Zum Beispiel Oberärztin und Pflegerische Leitung führen gemeinsam auf Augenhöhe die Mitarbeitenden der Station/des Bereichs. Sie nehmen u. a. interprofessionelle Fallbesprechungen vor.
- Jede:r übernimmt soziale Verantwortung und »delegiert« diese nicht »nach oben« (u. a. persönliche und teamorientierte Resilienz).
- Die teamorientierte Führungszusammenarbeit wird nicht von jetzt auf gleich flächendeckend im gesamten Krankenhaus umgesetzt werden können. Die Bereiche müssen entsprechend vorbereitet werden (siehe oben). Ratsam ist vielmehr, Modellstationen zu benennen, auf denen multiprofessionelle transfor-

mationale Führung sowie eine neue Zusammenarbeit erprobt werden.
- Entsprechende partizipativ orientierte Personalentwicklungsinstrumente werden in der Transformation über- bzw. erarbeitet und kultiviert (siehe unten).

7 Personalentwicklungsinstrumente in der Transformation

7.1 Das Potenzialgespräch: Mitarbeiterbindung und Nachwuchsförderung

Das Potenzialgespräch als Personalentwicklungsinstrument ist nicht neu und den Personalabteilungen hinlänglich bekannt. Man muss aber feststellen, dass es nur selten konsequent im Führungsalltag der Kliniken gelebt wird und zum Einsatz kommt.

Während der Erneuerung hat das Potenzialgespräch in der Transformation eine spezifische Aufgabe: Es liefert Informationen zu Fragen nach der möglichen Leistungsfähigkeit von Mitarbeiterinnen und Mitarbeitern. Die Analyse ist – anders als beim Kompetenzbedarf – auf die Zukunft gerichtet. Durch diese Gespräche wird beurteilt, was jemand zukünftig erfolgreich tun könnte. Das heißt, Potenzial meint die noch nicht entwickelten, aber vorhandenen Leistungs- und Verhaltensreserven. Potenziale sind verdeckt, liegen brach und können durch gezielte, individuelle Förderung gesteuert werden.

Potenzialgespräche geben den Mitarbeitenden in unsicheren Zeiten Wertschätzung und besonderen Halt, zeigen Perspektiven auf und sind für den Fortbestand eines Unternehmens grundsätzlich wertschöpfend. Kennt man die individuellen Potenziale der Beschäftigten, können gezielter Personalbindungsmaßnahmen und -förderungen überlegt werden – auch ohne direkt Neueinstellungen oder Entlassungen vornehmen zu müssen.

Mit dem Potenzialgespräch wird Folgendes bezweckt:

7.1 Das Potenzialgespräch: Mitarbeiterbindung und Nachwuchsförderung

- Erkennen von Fähigkeiten und Bestärken der Einzelnen (ausbaufähige Potenziale erkennen und stärken)
- Bedarfsermittlung für (individuelle) Fortbildungen
- Gezielte Karriereplanung und Förderung der Nachwuchskräfte
- Einschätzung der Eignung von Einzelnen für weitere qualifizierte Aufgaben (nach der Sanierung)
- Gezielte Vorbereitung für bestimmte Aufgaben
- Aufzeigen von beruflichen Optionen und Alternativen wird leichter möglich (Bindung von Potenzialträgern)
- Systematische Handlungsgrundlage für interne Personalentscheidungen in der Erneuerung

Potenzialgespräche können eigentlich mit jedem/jeder Mitarbeiter:in einer Abteilung stattfinden. Der oder die direkte verantwortungsbewusste Vorgesetzte schaut und weiß fast immer, wer im Team »nicht alles zeigt« und bei wem ein Potenzialgespräch neue Erkenntnisse liefert und Erfolg verspricht.

Ablauf eines Potenzialgesprächs im Krankenhaus

- Der/die direkte Vorgesetzte bespricht die Potenzialbeobachtung mit dem nächsthöheren Vorgesetzten (z.B. Chefärzt/in oder Pflegedienstleitung).
- Der/die Potenzialträger/in (Mitarbeitende) wird mündlich informiert. Er oder sie muss sich bereit erklären und dem Potenzialgespräch zustimmen.
- Das Gespräch findet anhand eines Gesprächsleitfadens[12] statt, der Personal- bzw. Betriebsrat wird informiert und kann als Beisitzer teilnehmen.

---

12 In diesem Gesprächsleitfaden werden zum einen Beobachtungen besprochen, als auch Fragen zu u.a. fachlichen, methodischen und sozial-kommunikativen Fähigkeiten gestellt. Weitere Anregungen hierzu siehe u.a. Erpenbeck, 2003.

- Das ca. eine Stunde dauernde Gespräch wird vom Vorgesetzten und einer Ansprechperson der Personalabteilung ausgewertet. Die Ergebnisse und Empfehlungen werden schriftlich festgehalten. Der nächsthöhere Vorgesetzte wird darüber informiert.
- Neben der Information des nächsthöheren Vorgesetzen findet (möglichst zeitnah) das sogenannte Vier-Augen-Entwicklungsgespräch mit dem Mitarbeitenden statt. Die Einschätzungen werden besprochen und gemeinsam nächste Schritte vereinbart: Zum Beispiel andere oder neue (zusätzliche) Aufgaben in der Abteilung übernehmen, neue Aufgaben in einem anderen Bereich bekommen, interne und/oder externe Fort- und Weiterbildung besuchen, Aufnahme im Führungskräftepool, Einbezug bei der Nachfolgeplanung einer bestimmten Position.

Ein Beispiel für mögliche Auswirkungen eines Potenzialgespräches:

Klara W. ist seit einem Jahr als promovierte Fachärztin in der Klinik für Augenheilkunde im Universitätsklinikum angestellt. Sie ist eine zuverlässige und fachlich versierte Mitarbeiterin, sie arbeitet selbständig und bekommt ein positives Patientenfeedback. Ihr leitender Oberarzt hat des Öfteren beobachtet, dass sie in den Teambesprechungen selbstbewusst Sachverhalte erläutert, die über das Wissen der allgemeinen Augenheilkunde hinausgehen: Ruhig und sachlich bespricht sie mit den Kollegen komplexe medizinische Zusammenhänge. Darüber hinaus erklärte sie sich sofort bereit, Besprechungen zu moderieren.

Der Vorgesetzte erkennt die fachlichen, kommunikativen und methodischen Potenziale von Klara W. Er befürchtet eine Unterforderung und einen möglichen Weggang dieser guten Mitarbeiterin. Dies wäre gerade in der Neuaufstellung der Klinik fatal.

Ein Potenzialgespräch wird ohne Personalrat vereinbart. Durch gezieltes Fragen bekommt der leitende Oberarzt seine Beobachtungen und Vermutungen bestätigt: Die Mitarbeiterin interessiert und beschäftigt sich »privat« mit der »Immunologie des Auges«,

7.2 Delegation und Kontrolle: Mitarbeitergespräche als Steuerungsinstrument

sie ist im Vorstand des örtlichen Bogensportvereins und muss dort u. a. viel organisieren, Sitzungen vorbereiten und moderieren. Nach Rücksprache mit der Personalabteilung, dem Personalrat und dem Chefarzt wird Klara W. ein Angebot gemacht: Sie kann eine Fachweiterbildung machen und sich noch eigehender mit dem Fach Immunologie befassen. Den leitenden Oberarzt soll sie zukünftig in Vorlesungen vertreten, und sie wird bei der Nachfolgeplanung einer Oberarztstelle verbrieft vorgesehen. Klara W. freut sich darüber sehr. Aufgrund der aktuellen Neuaufstellung der Klinik war sie unsicher. Nun hat sie mehr Klarheit, eine interessante (Karriere-)Perspektive und will erst mal Mitarbeiterin der Uniklinik bleiben.

Das sich zunutze machen der Potenziale der Beschäftigten ist ein zentraler Baustein für den Erfolg eines Krankenhauses: Ideal ist es, das Unternehmen effizient und kostenbewusst zu halten und dabei die Mitarbeitenden motiviert einzusetzen sowie Neueinstellungen möglichst zu vermeiden. Gerade in unsicheren Umbruchzeiten muss die adäquate Positionierung von professionell und zuverlässig arbeitenden Beschäftigten sichergestellt sein.

Nicht nur Potenzialgespräche, gute regelmäßig geführte Gespräche zwischen Vorgesetzen sowie Mitarbeiterin und Mitarbeiter sind generell und in der Transformation ganz besonders das Steuerungsinstrument schlecht hin.

7.2 Delegation und Kontrolle: Mitarbeitergespräche als Steuerungsinstrument

Manchmal fragt man sich, warum im Arbeitsalltag so wenig *richtig* miteinander gesprochen wird. Zumal es so einfach umzusetzen ist, aber auch wieder nicht. Hier gilt es, wie bei vielen Dingen: Das Wesentliche vom Unwesentlichen zu unterscheiden. Mir geht es hier nicht um Small-Talk-Gespräche. Das Mitarbeitergespräch ist das Führungsinstrument schlecht hin. Gut eingesetzt, zur richtigen Zeit am richtigen Ort, kann die oder der Vorgesetzte ganz viel mit einem Gespräch bewirken; schlecht unreflektiert zwischen »Tür und Angel« eingesetzt, kann ganz viel Schaden angerichtet werden.

> Das Mitarbeitergespräch ist das zentrale Steuerungsinstrument im Unternehmen Krankenhaus. Was heißt das?

Kommt eine Mitarbeiterin oder ein Mitarbeiter neu in eine Abteilung, hat neben der äußeren Performance der oder des Vorgesetzten die persönliche Ansprache nachhaltige Wirkung: Welche Worte werden gewählt, mit welchen Worten wird man in Empfang genommen, stellt man sich vor, wie erfolgt die erste Einweisung, wird ein Gefühl der Wertschätzung vermittelt? Die Wirkung der Sprache setzt sich fort: Wann und wie miteinander gesprochen wird, trägt zum Betriebsklima bei.

Jede Führungskraft sollte über den eigenen Kommunikationsstil nachdenken, ihn vielleicht auch über ein Rhetorikseminar, Coaching und/oder Supervision reflektieren. Die Gespräche werden eingesetzt, um einen persönlichen Kontakt zu jeder Mitarbeiterin und jedem Mitarbeiter aufzubauen. Inhalte sind berufliche und am Rande auch persönliche Themen: Feedback zu Stärken und Unsicherheiten, Fragen und Anregungen zur Work-Life-Balance usw.

Mit jedem direkt nachgeordneten Mitarbeitenden sollte möglichst einmal am Tag ein (kurzes) Face-to-Face-Gespräch geführt werden. Diese Gespräche können auf dem Flur stattfinden – das heißt man nimmt den Mitarbeitenden zur Seite – oder wenn es ernster und länger als zwei, drei Minuten dauert, geht man ins eigene Büro oder zumindest in einen ruhigen Raum.

E-Mails oder Telefonate können die Qualität der Vier-Augen-Gespräche nicht erreichen. Je weiter unten in der Hierarchie man die

7.2 Delegation und Kontrolle: Mitarbeitergespräche als Steuerungsinstrument

Personalverantwortung hat, umso wichtiger werden die persönlichen Gespräche speziell in Umbruchsituationen. Dies gilt im Übrigen auch für alleine arbeitende Beschäftigte auf einer Stabsstelle. Sie sollten nicht beim Austausch vergessen werden und brauchen auch das regelmäßige persönliche Gespräch mit dem oder der zuständigen Vorgesetzten.

Zwei weitere wichtige Funktionen haben Mitarbeitergespräche als Steuerungsinstrument:

- Aufgaben können an einzelne Mitarbeiterinnen oder Mitarbeiter delegiert werden.
  Zum Beispiel kann die Teamleitung einen Mitarbeiter damit beauftragen, sie auf einer Baubesprechung zu vertreten. Ein entsprechendes Briefing ist vorher wichtig. Oder auf der nächsten Teamsitzung übernimmt ein Assistenzarzt die Aufgabe der Moderation und vertritt dabei die leitende Oberärztin. Die Delegation erfolgt über Gespräche. Führung zeigt den Mitarbeitenden, das sie ihnen etwas zutraut und sie wertschätzt.
- Führung muss kontrollieren.
  Nicht nur bei delegierten Aufgaben, sondern auch im regulären Arbeitsalltag ist der Blick auf die Arbeitsabfolgen und -ergebnisse Verantwortung der Führung. Hierzu gehören Anregungen und Rückmeldungen geben sowie Mitarbeitende sachlich beraten. Das ruhige Kommunizieren darüber, wie Fehler zukünftig zu vermeiden oder Arbeitsergebnisse noch effizienter zu erreichen sind, sind klassische Inhalte für Mitarbeitergespräche.

Gut eingeführte Delegation und sachliche Kontrolle mit anschließendem Gespräch sind Bausteine der Personalentwicklung.

7.3 Kennzahlen: Ist und Soll für alle sichtbar machen

Das Arbeiten mit Kennzahlen ist ein strategisches Führungsinstrument. Es sollte Bestandteil bei Changemaßnahmen sein: Mit geeigneten nachvollziehbaren Kennzahlen lässt sich die aktuelle Situation einer Klinik, einer Abteilung und/oder einer Station abbilden und kontrollieren sowie ihre Zukunft gestalten.[13] Worum geht es?

> **Kennzahlen Definition**
> Kennzahlen sind Zahlen, Fakten und sichtbare Ergebnisse, an denen Management und Mitarbeitende eines Krankenhauses erkennen können,
>
> - wie die Klinikleistung ist,
> - wie die Arbeitsergebnisse sind,
> - wo und an welchen Stellen Defizite im System sind,
> - wo Potenziale und Stärken der Belegschaft sind,
> - wo Ergebnisse weiter zu fördern sind und
> - wo Führung eingreifen sollte.

Über Kennzahlen können sowohl Ablaufprozesse als auch Arbeitsergebnisse beeinflusst werden. Es sind, wenn man so will, die »Stellschrauben«, die »gedreht« werden können und an denen ein Erfolg sichtbar wird. Die Mitarbeitenden werden in aller Regel aktiv eingebunden, sie lernen dabei unternehmerisches Denken: »[...] man macht sich Gedanken über die Unternehmensziele und die Prozessgestaltung, erkennt eigene Möglichkeiten der Einflussnahme« (Küp-

---

13 Durch punktuelles Abfragen in den einzelnen Bereichen verschiedener Krankenhäuser ist mir als Beraterin bekannt, dass oft über 70 % des Pflegemanagements über keine brauchbaren Kennzahlen verfügen, auch in den anderen Disziplinen sieht es nicht besser aus.

7.3 Kennzahlen: Ist und Soll für alle sichtbar machen

per et al., 2006, S. 130). Mit ihren Ideen leisten sie einen Beitrag für eine erfolgreiche Erneuerung.

Kennzahlen – als Teiloperationalisierung der Visionen und Ziele – werden zum einen von der Krankenhausleitung und dem Aufsichtsrat vorgegeben. Zum anderen können und sollten sie darüber hinaus von den Mitarbeitenden selbst gemeinsam mit den Vorgesetzten festgelegt werden. Das Hinzuziehen des Betriebs- bzw. Personalrats kann hier gut sein.

Werden Kennzahlen festgelegt, so treffen sie im Großen und Ganzen die Dimensionen des sogenannten »Magischen Dreiecks« aus dem Projektmanagement: Zeit, Kosten und Qualität (▶ Abb. 4).

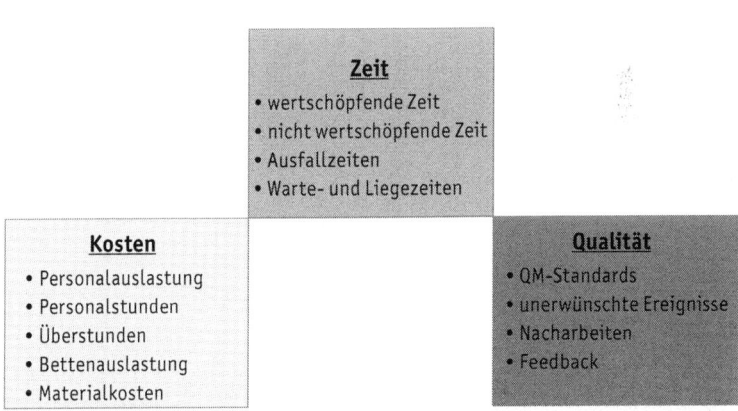

Abb. 4: »Magisches Dreieck« des Personalmanagements

Kennzahlen müssen gepflegt werden, das ist Arbeit. Dennoch: Sie helfen dabei, zum Beispiel mit den Mitarbeitenden auf einer Station neu und im Sinne der Veränderung ins Gespräch zu kommen. Die Kennzahlen werden monatlich aufgenommen und in einem sogenannten Kennzahlenboard[14] für alle sichtbar gemacht (▶ Tab. 4).

---

14 In diesem Zusammenhang wird häufig auch eine Balanced Scorecard angelegt: Sie ist ebenfalls eine Methode, um strategische Ziele und Kennzahlen eines Unternehmens zu visualisieren. Siehe Forum balanced scorecard (www.scorecard.de) und Conrad, 2001.

Tab. 4: Beispiel eines Kennzahlenboards für eine Station in einem Städtischen Klinikum

Kennzahlenart	Januar 2023	Februar 2023	März 2023
Ist-Stellen/Köpfe (vorhandene Stellen auf Vollzeit – VK – hochgerechnet)	12 VK/14	12 VK/14	…
Auslastung der Station/MVD (Prozent der zur Verfügung stehenden Patientenbetten im Monatsdurchschnitt/Mittelwert der Patientenverweildauer)	98 % / 4 Tg.	97 % / 3,8 Tg.	…
Gesundheitsquote (Prozent der Mitarbeiter (Köpfe) die gesund und nicht krankgemeldet waren)	96 %	95 %	…
Überstunden/Mitarbeiter (Überstundenzahl insgesamt durch die Anzahl der Mitarbeiterköpfe)	21,8	23,4	…
Pflichtfortbildungen (Zeiten, die Mitarbeitende geplant durch Pflichtfortbildungen nicht da waren)	6 Tg.	5 Tg.	…
Nosokomiale Infektionen (Infektionen, die im Zuge des Krankenhausaufenthalts von Patienten erworben wurden)	2	2	…

Über die Zahlen wird auf den Teamsitzungen gesprochen und gemeinsam überlegt, wie an der ein oder anderen Stelle weiter- bzw. anders vorgegangen wird. Sie dienen auch den Leitungen auf den Jour fixe-Terminen mit dem oder der nächsthöheren Vorgesetzen als Gesprächsinhalt.

Kennzahlenboard
Gibt es in einem Bereich noch kein Kennzahlenboard, so empfiehlt sich folgende Vorgehensweise:

1. Welchen Zweck wollen wir mit dem Kennzahlenboard erfüllen? Welche Kriterien bzw. Kennzahlenarten ergeben sich hieraus für uns? Diese Fragen werden gemeinsam partizipativ festgelegt. Es sind Kennzahlen zu finden, die für alle, die in einem Bereich arbeiten, gelten sollen.
2. Kennzahlenzugriff und die Erhebungszeiträume müssen sichergestellt sein: Wer pflegt bzw. erhebt die Kennzahlen? Kann die Personalabteilung verlässliches Zahlenmaterial liefern? Ein:e Verantwortliche:r wird benannt. Dies sollte jemand aus dem Team sein: wie Assistenzarzt oder -ärztin oder Pflegefachkraft.
3. Die Teamleitungen und Stationsärzt:innen sollten eingewiesen werden: Wie müssen Kennzahlen »gelesen« werden? Wie kann ich als Führungskraft intervenieren (Rollenvermittlung für Intervention ▶ Kap. 7.2)?
4. Erprobungsphase festlegen: Teamleitung/Stationsarzt oder -ärztin stellen den Umgang mit Kennzahlen auf einer Teamsitzung vor und nennen den Zeitrahmen.
5. Nach acht Wochen erfolgt die erste Auswertung: Gespräche vor Ort unter Einbindung der Pflegedienstleitung und des Oberarztes oder der Oberärztin: Instrument hat sich bewährt und/oder wo muss nachjustiert und ergänzt werden.
6. Bericht über die Erprobungsphase und Roll-out der dauerhaften Umsetzung.
7. Austausch mit anderen Bereichen und Bericht an Vorstand bzw. Geschäftsleitung und Personal- bzw. Betriebsrat.

Das Arbeiten mit Kennzahlen ist sicherlich nicht neu. Aber es wird nach wie vor nicht konsequent und kompetent im praktischen Arbeitsalltag in den Krankenhäusern verfolgt. Vieles ist vermeintlich oft wichtiger. Auch hier gilt wieder das Wesentliche vom Unwesentlichen zu unterscheiden. Will ein Krankenhaus erfolgreich sein, wollen einzelne Kliniken mit ihren Stationen bestehen bleiben und Transformation positiv schaffen, müssen alle Beschäftigten vom Management bis zur Basis wissen, »wo stehen wir und wo wollen wir hin«. Ohne Kennzahlenpflege geht das nicht.

7.4 Arbeitswelt im Umbruch: Das Neue gestalten

Von den gut 1.900 Krankenhäusern werden in zehn Jahren höchstens 1.250 übrig sein, und fast zwei Drittel der Häuser seien in der Verlustzone, besagt eine aktuelle Roland-Berger-Umfrage (Berger, 2023).

Wollen Krankenhäuser bestehen bleiben, werden sie konsequent das Neue gestalten und sich den sichtbaren Herausforderungen – wie andauernde Verluste, Kündigungen von Leistungsträgern, sinkende Fallzahlen, wegbrechende Behandlungsschwerpunkte – stellen müssen. Während der Erneuerungsprozesse ist keine Zeit für Experimente: Erst das Alte verändern, dann das Neue gestalten und die Mitarbeitenden mitnehmen, ist die Leitidee!

Die Transformation bestmöglich hinbekommen, ist eine große Herausforderung: Verluste und Defizite exakt benennen können, Kompetenzen analysieren und erweitern, Rollenklarheit schaffen, Zuständigkeiten und Rahmenbedingungen erneuern und dabei im Masterplan bereits *New Work-Aktivitäten* einplanen und vorbereiten. Erst wenn erste Erfolge stabil erkennbar sind, sollte man Unbrauchbares endgültig verabschieden, Altbewährtes stabilisieren und New Work aktivieren. Dafür müssen von allen Mitarbeitenden alte Muster losgelassen und mutig Neues ausprobiert und etabliert werden. Hier einige *Ansatzpunkte:*

7.4 Arbeitswelt im Umbruch: Das Neue gestalten

Zum Neuen gehört immer neben Mut auch Vertrauen: Schaffen die Kolleg:innen, die Mitarbeitenden das, schaffe ich selber das auch? Die Arbeitsabfolgen werden teamorientierter sein müssen und jede und jeder mit ihrer bzw. seiner Rolle einen Platz im Team haben. Zu dieser *Vertrauenskultur*, die nicht auf Knopfdruck entsteht, sondern auch ein Prozess ist, gehört das konsequente gemeinsame Erarbeiten und Ausprobieren von *neuen Strukturen*.

Ein erfolgreiches Beispiel ist das Projekt »Meine Station«. Es startete im Juli 2022 und ist ein Novum im Klinikum Aschaffenburg-Alzenau und in Deutschlands Krankenhäusern überhaupt (Klinikum Aschaffenburg-Alzenau, 2023): Auf der chirurgischen Station C03 werden die Mitarbeitenden nach ihren *Talenten eingesetzt* und das *Team organisiert sich selbst*. Sie haben ihre Abläufe überarbeitet und neu festgelegt. Zum Stationsteam gehören 26 Ärzt:innen und 28 pflegerische Mitarbeitende. Die Besetzung der verschiedenen Rollen wechselt. Sie probieren aus, ob es klappt, und bei Bedarf verändern sie und steuern nach. Es wird viel mehr aufeinander gehört und auf die Bedürfnisse der Einzelnen eingegangen. Es geht nicht um eine Personen-Hierarchie, so der Chefarzt, sondern die Hierarchie sei immer auf die jeweilige Rolle bezogen und damit nicht dauerhaft. Jeder macht Erfahrungen in unterschiedlichen Rollen. So gibt es auch keine Stationsleitung mehr. Das Haus müsse sich noch daran gewöhnen, dass es auf der C03 anders sei. Allerdings spricht der Erfolg für sich: Der Zusammenhalt und die Zufriedenheit sind gestiegen, die Berufserfahrung in all ihren Facetten nimmt zu, die Gesundheitsquote der Mitarbeitenden ist gestiegen und die Ablauforganisation reibungsloser als früher (ebd.).

Ein weiteres gelebtes Beispiel für ein New Work-Modell ist die sogenannte *Teamboarding-Methode*. Sie funktioniert interprofessionell und wird im Universitätsklinikum Schleswig-Holstein erprobt. Täglich werden die anstehenden Herausforderungen berufsgruppenübergreifend in einem Bereich in zehn Minuten besprochen. »[...] neu ist, [...] dass die Teams fokussiert mit dem Ziel, Verbesserungen zu erreichen, themenbezogen und zeitlich begrenzt täglich zehn Minuten miteinander ins Gespräch kommen [...]. Alle sind zu einer festgelegten Zeit [...] vor Ort in den Bereichen am Board« (Gundlach et al., 2023).

Die Arbeitswelt ist im Umbruch und die Beschäftigten wollen heute *Freiräume*. Die Arbeitgeber:innen bzw. das Management muss hier mit neuen oder bestehenden erweiterten Konzepten Antworten finden. So können in der Charité die Mitarbeitenden ihre Entlastungen selbst wählen: »Ob Freizeitausgleich, Kinderbetreuungszuschüsse, Altersteilzeitkonten oder Sabbaticals – mit diesem System geben wir Mitarbeitenden die Möglichkeit, sich nach eigenen Bedürfnissen bestmöglich zu entlasten«, so die Pflegedirektorin (Eysel, 2022, S. 207). Bei der Angebotszusammenstellung wird vorab erhoben, welchen Background und welche Bedürfnisse die Beschäftigten haben: wie Alleinerziehende, Alter der Kinder, pflegebedürftige Eltern, zeitintensive ehrenamtliche Tätigkeiten.

Mit dem Stichwort New Work werden häufig auch *Homeoffice* und *wechselnde Arbeitsorte* verknüpft. Das sei im Krankenhaus nicht umsetzbar, wird oft dagegengehalten. Es kommt darauf an: Dienstpläne und Arztbriefe oder Berichte schreiben, müssen nicht auf der Station oder im Arztzimmer erledigt werden. Vielen Beschäftigten ist eine Mischung aus Arbeit am Arbeitsplatz und von zu Hause arbeiten viel Wert. Hier sollte das Team überlegen, ob bestimmte Aufgaben, und von wem, auch »nach außen« verlegt werden könnten. Über das Schaffen von Freiräumen können Mitarbeiterinnen und Mitarbeiter ans Haus gebunden werden. Hier geht es auch um *Vertrauensarbeitszeit* und *Führen auf Distanz*.

Ein weiteres nicht zu unterschätzendes Motivations- und Bindungsinstrument sind andere, auf den Beschäftigten individuell zugeschnittene *Arbeitszeiten*. Starre Arbeitszeitmodelle werden auch im Krankenhaus immer mehr obsolet. Eine Anpassung der Arbeitszeit an die private Situation (Stichwort Work-Life-Balance) sollte möglich sein: Späterer Arbeitsbeginn an zwei Tagen in der Woche, Reduzierung der Arbeitszeit ab einem bestimmten Alter, Weiterarbeiten auch mit über 65 Jahren (s. u.), 4-Tage-Woche, Ansparen von Überstunden und eine mehrwöchige Auszeit als Ausgleich nehmen können, sind Beispiele. Die Individualisierung der Gesellschaft und die Verschie-

7.4 Arbeitswelt im Umbruch: Das Neue gestalten

bung der individuellen Bedürfnislagen zeigen sich beim Thema Arbeitszeiten ganz speziell.

Mit über 50 Jahren als Ärztin/Arzt oder als Pflegefachkraft zu arbeiten, kann sehr belastend sein. Expertinnen und Experten sind sich nichtsdestotrotz heute darüber einig, das Kliniken händeringend ältere Mitarbeitende benötigen, gerade in der Pflege. Sie sind erfahren und können ihr Wissen an die Jüngeren weitergeben. Im Kampf gegen den Personalmangel sind ältere Pflegende unersetzbar und werden es zukünftig noch mehr sein (Mohr, 2015, S. 20). Kein Krankenhaus kann es sich heute erlauben, *ältere Beschäftigte* zu entlassen oder einfach gehen zu lassen. Unabhängig davon wird gerade ihr Wissen in kritischen Umstrukturierungsphasen benötigt. Sie haben die Erfahrung und Ruhe. Die Kliniken können ohne die Kompetenzen und Leistungskraft dieser Mitarbeitergruppe ihre Transformationsziele wohl kaum erfolgreich meistern.

Das Arbeitskräftepotenzial der Älteren zu aktivieren, ist eine Personalmanagementstrategie. Denn motivierte und gesunde Mitarbeiterinnen und Mitarbeiter sind ein unverzichtbares Kapital für ein Unternehmen – und gerade für ein Krankenhaus (ebd., S. 21).

Im Gesundheitssektor herrscht – wie in vielen anderen Arbeitsfeldern auch – akuter Arbeitskräftemangel. Man möchte dem durch Anwerben von Pflegefachkräften und Ärzt:innen im Ausland begegnen. In Erneuerungsprozessen ist das keine primäre Strategie. Sie bringt u. a. auf den Stationen Unruhe und belastet die bestehenden Teams enorm. Vielmehr sollte die vorhandene Belegschaft durch *präventive Maßnahmen* gestärkt werden: wie regelmäßige längere Pausen, eine individuelle Anpassung der Aufgaben und Arbeitszeiten an die Möglichkeiten der Einzelnen, Sportangebote, gesundes Kantinenessen, Wertschätzung vom Vorgesetzten und eine gutes Teammiteinander. Körperliche Fitness ist ebenfalls wichtig, genauso wichtig ist aber auch die mentale Gesundheit, die Offenheit zu lebenslangem Lernen (s. u.) und die Möglichkeit zur Mitgestaltung des eigenen Arbeitsplatzes. Eine Aufgabe des Personalmanagements ist es hier, die Bedingungen für ältere Mitarbeiterinnen und Mitarbeiter auf den Stationen, aber auch in den OPs, Labors und sonstigen Abteilungen zu verbessern, Gesundheit zu erhalten und Resilienz zu fördern. Die Verantwortung haben die Kliniken, mit attraktiven Angeboten die Beschäftigten zu stärken. Aufgabe der Mitarbeitenden ist es, diese Chancen dann auch zu nutzen (ebd., S. 21–22).

Mitarbeiterinnen und Mitarbeiter, die an den Ruhestand denken, könnten auch durch gute Gespräche mit ihren Vorgesetzten und individuelle Angebote der Personalabteilungen motiviert werden, länger zu arbeiten. Denn Menschen, die fit sind und durch ihre langen Arbeitserfahrungen noch attraktiv sind für den Arbeitsmarkt, können zumindest ein paar Jahre über die 67 hinaus arbeiten.[15] Interessant ist, dass diese länger arbeitenden Senioren im Schnitt gesünder sind als diejenigen, die nicht mehr erwerbstätig sind. *Länger Arbeiten* ist auch eine Sache der Einstellung und der Rahmenbedingungen. »Solange eine Erwerbstätigkeit noch zu den körperlichen Fähigkeiten im Alter passt, profitiert auch die Psyche:« Untersuchungen in Japan zeigen, dass »ältere Menschen dann bemerken, dass sie noch gebraucht werden« (Lill, 2023, S. 11). Diese Form der Wertschätzung wird bei deutschen Arbeitnehmerinnen und Arbeitnehmern auch vergleichbare Effekte haben.

Zur Erneuerung eines Krankenhauses sollte die Durchführung einer *Altersstrukturanalyse* gehören. Diese Methode ist nicht neu. Sie wird allerdings viel zu selten konsequent und für alle Krankenhausbereiche regelmäßig erstellt.[16] Die jeweilige Personalabteilung kann feststellen, wie die Altersstruktur je Abteilung, Bereich, Arbeitsinsel und Berufsgruppe aussieht: Wer wird wann in den Ruhestand gehen können? Wer kann mit welchen Angeboten noch für ein paar Jahre im Unternehmen gehalten werden? Wo fehlen bestimmte Altersgruppen? Fehlen auch jüngere Mitarbeitende? Wo

---

15 Rentnerinnen und Rentner können heute grundsätzlich unbegrenzt hinzuverdienen, auch wenn sie bereits die Regelaltersgrenze erreicht haben. Beiträge zur Rentenversicherung müssen sie nicht mehr bezahlen. Sie dürfen aber Beiträge zahlen und können so die eigene Rente erhöhen.
16 Siehe als Beispiele für eine Altersstrukturanalyse: Bothur, Hurlebaus & Küpper, 2012, S. 34–37; Bothur, Holtzsch, Kosmehl & Küpper, 2012, S. 893–898.

7.4 Arbeitswelt im Umbruch: Das Neue gestalten

vermisst man spezifische Kompetenzen? Wo sollten altersgemischte Teams explizit gefördert werden? Wo müssen nach der Transformation Neueinstellungen vorgenommen werden?

Die von der Personalabteilung durchgeführte Analyse liefert Antworten auf diese Fragen und hilft damit der oder dem Vorgesetzten, aber auch der Krankenhausgeschäftsleitung insgesamt Personalplanung gezielter anzugehen und künftige Problemfelder zu minimieren. So können bspw. dann OP- oder laborbezogene Aussagen getroffen werden, wann bestimmte Altersgruppen ohne intervenierende Maßnahmen wegbrechen würden.

Kennt man die Altersstruktur der Belegschaften in den einzelnen Bereichen sowie Berufs- und Beschäftigtengruppen, lassen sich sozusagen als Nebeneffekt auch *Bildungsangebote* zeitgemäßer, moderner und passgenauer anbieten.

Die Erfahrung zeigt, dass »alles auf einmal« nicht verändert werden kann. Während der Erneuerung des Krankenhauses auf dem Weg hin zur Transformation müssen sich alle aufeinander verlassen und strikt nach den strategischen Vorgaben des Managements handeln. In dieser Umbruchphase steht und fällt der Erfolg noch mehr als »bei ruhigem Fahrwasser« mit den Mitarbeitenden. Diese Zeit impliziert für alle Beteiligten »Lernen am Arbeitsplatz«; jeder und jede wird für sich die Erfahrung individuell reflektieren. Das eigentliche Ziel ist für die einzelnen Beschäftigten in dieser Phase dazu beizutragen, den Arbeitsplatz zu erhalten und das Krankenhaus insgesamt stabil zu erneuern.

Spätestens wenn wieder »Land in Sicht ist« sollte New Work mit spezifischen Bildungsangeboten gestartet werden. Projektarbeit gehört sicherlich dazu (s. o.). Aber speziell auch punktuell durchgeführte Konzepte sind gut geeignet, auf andere Zeiten am Arbeitsplatz Krankenhaus positiv einzustimmen und die Mitarbeitenden mitzunehmen. Bei der Konzepterarbeitung sind die Personalabteilungen und bei der Umsetzung vor Ort die Führungskräfte gefragt. Man spricht hier auch vom *intergenerativen Personalmanagement* und *New Learning*, das heißt, alle Altersgruppen in der Belegschaft werden mit den Bildungsangeboten angesprochen. Nicht nur das Personalmanagement, sondern auch die Mitarbeitenden selbst müssen hier umdenken: Lernen hört nicht auf. Nicht nur das indirekte, sondern gerade auch das direkte, bewusst geplante Lernen ist hier im Blick:

- Die Teams werden altersgemischt zusammengestellt. Die Älteren könnten als Mentor:innen der jüngeren Kolleg:innen agieren.
- Arbeitsplatztausch für drei Monate: Die Erfahrung, bspw. als Servicefachkraft, auf einer anderen Station mit anderen Teamkollegen zurechtzukommen, erweitert die Berufserfahrung und gibt Selbstvertrauen.
- Zielgruppenspezifisches Führen von Mitarbeitergesprächen: Wie sollte sich die Ansprache verändern zum Beispiel bei 25-jährigen und 60-jährigen Mitarbeitenden? Gibt es Unterschiede zu beachten?
- Burnout erkennen und gegensteuern: Eigene Grenzen sehen und Möglichkeiten des Gegensteuerns reflektieren, Sensibilisierung fördern und persönliche Resilienz stärken.
- Technikeinsatz als unterstützende Begleitung des Arbeitsalltags wahrnehmen.
- »Kommunikation auf Augenhöhe«: Situationsadäquates, zeitgemäßes Kommunizieren will gelernt sein. Was heißt das?
- Dienstpläne kollegen- und patientenorientiert gestalten. Geht das?
- Es gibt Lerninseln: An diesen Orten wird berufsgruppenübergreifend gelernt (u. a. mit medizinisch-technischen Mitarbeitenden, Pflegefachkräften, Ärzten, Servicemitarbeitenden, Physiotherapeuten). Themen könnten zum Beispiel sein: empathische Ansprache der Patient:innen; prozessorientiertes Arbeiten; Antizipation und Auswirkung von Fehlentscheidungen.

Die Arbeitswelt ist im Umbruch: Das Überdenken der Personalmanagementstrategien im Krankenhaus wird in den nächsten Jahren für die Personalverantwortlichen ein zentrales strategisches Thema sein.

8 Epilog – Worauf es ankommt: Führung und Nachhaltigkeit

Unsere Gesellschaft verändert sich. Nichts ist mehr normal (u. a. Lessenich, 2022). Deutlich wird das so auch an den Umbau- und Transformationsbestrebungen der deutschen Krankenhäuser. Große und komplexe Herausforderungen stehen an, die von allen dort Beschäftigten in irgendeiner Form individuell und/oder kollektiv gemeistert werden müssen. Das etwas geschehen muss, ist bekannt, vielfach vorgetragen und diskutiert worden. Dennoch hapert es im Großen und Ganzen immer noch an der praktischen Umsetzung.

Neben der »äußeren Qualität«, wie Strukturen, Prozesse, Qualifikationen der Beschäftigten, trägt gerade auch die »innere Qualität«, wie Haltung der Einzelnen, gemeinsame Werte, Teamspirit und Führungskultur, zur Gesamtqualität eines Krankenhauses bei. Dies gilt im Übrigen für alle Unternehmen und Institutionen, in denen Menschen gemeinsam agieren und ein Arbeitsziel verfolgen.

Der entscheidende Schlüssel für die erfolgreich gelingende Erneuerung sind dabei die Führungskräfte. Die spezifischen Personalmanagementstrategien, die ihnen dabei helfen können, wurden hier von mir detailliert erörtert.

Führung wird noch mutiger sein müssen als bisher. Sie selbst wird vielleicht eigene Vorbehalte überwinden müssen, mit gutem Beispiel vorangehen, Maßnahmen einleiten und immer wieder mit den Mitarbeitenden reden, erklären, überzeugen und motivieren. Der Informationsbedarf in der Belegschaft wird nicht aufhören. Zumal die Menschen dazu neigen, möglichst das Gewohnte festzuhalten.

Ich habe Strategien aufgezeigt, die geeignet sind, Empowerment bei den Mitarbeiterinnen und Mitarbeitern zu erreichen. Sie auf der einen Seite ernst zu nehmen mit ihren möglichen Widerständen und sie auf der anderen Seite mit ihrer Energie und Kreativität aktiv in den Erneuerungsprozess einzubinden. Gemeinsam wird das Erreichte immer wieder mit den gesetzten Zielen abgeglichen und modifiziert. Wenn das gelingt, wird transformationale Führung gelebt. Erneuerung ist dann kein Strohfeuer, sondern nachhaltig umgesetzt.

Die nachfolgende Aufstellung[17] ist eine Zusammenfassung der Personalmanagementstrategien während der Erneuerungsprozesse:

- Erstellen spezifischer berufsgruppenübergreifender Masterpläne für jede Arbeitseinheit: Aufgaben und Verantwortung der Abteilungs-, Team- bzw. Stationsleitungen (während der Erneuerung).
- Rollenreflexion des Managements: glaubwürdig und zuverlässig sein, transformationale Führung leben und Leadership-Fähigkeiten kultivieren.
- Die neuen Arbeitsrollen klar definieren und über Gespräche Unsicherheiten gegensteuern.
- Stellenprofile schriftlich fixieren und vorhandene Stellenprofile anpassen, überarbeiten.
- Rollenmatrix für jede Abteilung/Leistungseinheit erstellen.
- Personalabteilung fachlich adäquat ausstatten und Aufgabenerweiterung hin zum strategischen Agieren ermöglichen.
- Betriebs- bzw. Personalräte als Unterstützung rechtzeitig einbinden.
- Institutions- und abteilungsspezifische Organigramme erstellen und stets aktualisieren.
- Gemeinsame Werte operationalisieren, bestehende Muster hinterfragen und neugestalten.
- Bestandsaufnahme der (zukünftigen) Tätigkeiten und der vorhandenen Kompetenzen (Kompetenzbedarfsanalyse).
- Externe Beratung als Option in Betracht ziehen.
- Sogenannte Transformationssitzungen in den Bereichen etablieren.

---

17 Diese Liste ist ohne Priorisierung. Alle aufgeführten Strategien stehen für sich und können die Erneuerungsprozesse wirkungsvoll unterstützen.

8 Epilog – Worauf es ankommt: Führung und Nachhaltigkeit

- Kennzahlen kontinuierlich für jeden Bereich erheben und adäquat verständlich präsentieren, mit den Mitarbeitenden auf den Teamsitzungen besprechen und Maßnahmen ableiten.
- Erreichte konzeptionelle Neuaufstellung darstellen und mit den Beteiligten besprechen.
- Individuelle Förderung durch Potenzialgespräche: gezielte Personalbindungsmaßnahmen und -förderung festlegen (Potenziale der Beschäftigten für den Erfolg des Krankenhauses nutzen).
- Kultivierung des Vier-Augen-Gesprächs. Die Einzelgespräche zwischen Mitarbeitenden und Vorgesetzen sind das zentrale Steuerungsinstrument (nicht nur) während der Transformation.
- Gemeinsames Erarbeiten und Ausprobieren von neuen Strukturen: New Work-Ansätze zulassen und erproben; im Vorfeld die Bedürfnisse der Beschäftigten abfragen.
- Das Potenzial der älteren Beschäftigten aktivieren und ihre Kompetenzen und ihre Leistungskraft für die Transformationsziele sensibel nutzen.
- Intergeneratives Personalmanagement als Personalentwicklungsoffensive initiieren: Alle Altersgruppen in der Belegschaft werden mit Bildungsangeboten angesprochen.
- Modellstationen benennen, auf denen transformationale Führung, andere Strukturen und neue Muster erprobt werden sollen.

Stichwortverzeichnis

A

Altersstrukturanalyse 70
Arbeitskräftepotenzial 69
Arbeitszeitmodelle 17

B

Balanced Scorecard 64

C

Change-Management 13
Coaching 27

D

Delegation 62
Doppelloyalität 22

E

Empowerment 74

F

Face-to-Face-Gespräch 61
Friktionen 32
Führungsebenen 14
Führungsinstrumente 18
Führungsstil 17
Führungsverantwortung 17

G

Gesprächsleitfaden 57

H

Homeoffice 68
Hospitationen 47

K

Karriereplanung 57
Kennzahlenboard 64
Kommunikationsmatrix 28
Kompetenz-Update 51
Kompetenzprofil 50
Konflikte 32
Kontrolle 62

Stichwortverzeichnis

L

Leadership 18
Leistungsfähigkeit 56
Lerninseln 72

M

Management 18
Masterplan 28
Mentoring 27
Multiplikatoren 23
Muster 47

N

New Work 17

O

Organigramm 43

P

Performance 60
Projektgruppe 33

R

Rahmenvorgaben 46
Reorganisation 28

Rolle 14
Rollenambiguität 14
Rollenbilder 40

S

Spielregeln 21
Stabsstelle 61
Stellenbeschreibungen 41
Strukturen 47
Supervision 27
System 14

T

Teamsitzungen 34
Transformation 12
transformationale Führung 42

V

Vertrauensarbeitszeit 68

W

Wertvorstellungen 32
Work-Life-Balance 69

Literaturverzeichnis

Bazan, M., Ellich, C., Küpper, G., Gawlitta, W. (2016). *Raus aus der Jammerecke!* kma report Beratung, 15.03.2016, Zugriff am 15.11.2023 unter https://www.kma-online.de/themenwelten/klinikberatung/artikel/detail/raus-aus-der-jammerecke-a-33789.

Berger, R. (2023). *300 der 600 größten Krankenhäuser im Minus.* Kma Online, 18.07.2023, Zugriff am 15.11.2023 unter https://www.kma-online.de/aktuelles/wirtschaft/detail/300-der-600-groessten-deutschen-krankenhaeuser-im-minus-50287#:~:text=Roland%2DBerger%2DUmfrage%20300%20der,hat%20es%20demnach%20besonders%20schwer

Bothur, S., Holtzsch, U., Kosmehl, U. und Küpper, G. (2012). *Altersgerechtes Personalmanagement im Städtischen Klinikum Görlitz.* das Krankenhaus 9, 893–898.

Bothur, S., Hurlebaus, T. und Küpper, G. (2012). *Die Alten sind gefragt.* f&w, 1, 34–37.

Conrad, H.-J. (2001). *Balanced Scorecard als modernes Managementinstrument im Krankenhaus.* Kulmbach: Baumann Fachverlag.

Eichel, F. (2023). *Aura für alle.* Die Zeit, 19, 04.05.2023, S. 57.

Erpenbeck, J., v. Rosenstiel, L. (Hrsg.) (2003). *Handbuch Kompetenzmessung.* Stuttgart: Schäffer-Poeschel Verlag.

Eysel, C. (2022). *Warum New Work integraler Bestandteil der Strategie sein muss.* In: Starker, V. et al. *New Work in der Medizin* (S. 197–208). Buckow: Rossberg Verlag.

Gundlach, N., Briesemeister, S., Herzmann, S., Michel, J. (2023). *Die 10-Minuten-Lösung, die das UKSH verändert.* Kma Online, 08.08.2023. Zugriff am 15.11.2023 unter: https://www.kma-online.de/aktuelles/management/detail/die-10-minuten-loesung-die-das-uksh-veraendert-50391

Haberland, P. A. (2017). *Aufsichtsräte in deutschen Krankenhäusern.* Kma Online, 30.04.2017. Zugriff am 15.11.2023 unter https://www.kma-online.de/themenwelten/klinikberatung/artikel/detail/aufsichtsraete-in-deutschen-krankenhaeusern-a-34714

Hurlebaus, T. und Küpper, G. (2019). *Führungsverantwortung übernehmen: Musterwechsel sind gefragt.* Das Krankenhaus, 02. S. 128–129.

Hurlebaus, T. und Küpper, G. (2021). *Die Krise nutzen. Eine Herausforderung für Führungskräfte.* Das Krankenhaus, 10. S. 933–935.

Hurlebaus, T. und Küpper, G. (2022). *Transformation über neue Rollenbilder. Strategien zur Vermeidung von Friktionen.* das Krankenhaus, 11. S. 1024–1025.

Literaturverzeichnis

Kamp, A. (2014). *Wahrnehmung von Aufsicht.* BPG: Der Aufsichtsrat im Krankenhaus – Basiswissen und Leitlinien für die strategische Weiterentwicklung. 15–17.

Klinikum Aschaffenburg-Alzenau (2023). *Diese Station stellt das Krankenhaus auf den Kopf.* kma Online, 11.07.2023, Zugriff am 15.11.2023 unter: https://www.kmaonline.de/aktuelles/management/detail/diese-station-stellt-das-krankenhaus-auf-den-kopf-50233

Küpper, G. (2008). *Völlig neue Strukturen finden. Change Management mit Pflegekräften und ärztlichen Mitarbeitern in der Universitätsklinikum Gießen und Marburg GmbH (Standort Marburg).* In: Kuhnert, J., Teuber, S. (Hrsg.) Praxishandbuch Change Management. Einsatzfelder, Grenzen und Chancen. München: Vahlen.

Küpper, G., BDU-Thinktank (2017). *Mehr Frauen in ärztlichen Führungspositionen benötigt.* Der niedergelassene Arzt, 12. S. 46.

Küpper, G., Haimann, A., Schubert, G., Wilhelm, M. (2006). *Eine Balanced Scorecard für den Klinischen Sozialdienst zur Prozesssteuerung und Qualitätssicherung.* das Krankenhaus, 2, 129–132.

Küpper, G., Rentmeister, M., Rottkord, H. (2011). *Führungskultur verändern. Leadership und Rollenstärkung für das mittlere Pflegemanagement.* KU Gesundheitsmanagement, 3, 33–34.

Lessenich, S. (2022). *Nicht mehr normal. Gesellschaft am Rande des Nervenzusammenbruchs.* Berlin: Hanser.

Lill, F. (2023). *Wo ein Wille ist, ist auch ein Job.* Die Zeit, 20.07.2023. S. 11.

Mohr, K. (2015). *Gesund im Beruf altern. Interview mit u.a. Küpper, Gunhild.* CNE. Magazin, 4/2015. 20–22.

Niewerth, C., Massolle, J., Schaffarczik, S., Grabski, C. (2022). *Betriebsräte in der doppelten Transformation.* Study 468 der Hans-Böckler-Stiftung, 01/2022.

Schmid, S. (2021). *Der Betriebsrat – unterschätzter Hebel für die digitale HR-Transformation.* Insight.de 12/2021, Zugriff am 15.11.2023 unter https://insights.tts.com/de/betriebsrat-in-die-hr-transformation-einbinden

Schwuchow, K. (2023). *Jenseits von New Work – Wege zu menschlicher Nachhaltigkeit.* DGS Köln, Positionen 1/2023, 1–8.

Sprenger, R. K. (2012). *Radikal führen.* Frankfurt a.M.: Campus Verlag.

Starker, V. et al. (2022): *New Work in der Medizin.* Buckow: Rossberg.

Statista GmbH, *Durchschnittliche Verweildauer in deutschen Krankenhäusern in den Jahren 1992 bis 2022 (in Tagen),* 2023, Zugriff am 14.12.2023 unter Verweildauer in deutschen Krankenhäusern bis 2022 | Statista)

Tewes, R. (2009). *Coaching – externe Beratung und modernes Führungsinstrument.* In: Bechtel, P. *Erfolgreiches Pflegemanagement im Krankenhaus.* Köln: Haarfeld.

Wimmer, R. (2004). *Organisation und Beratung. Systemtheoretische Perspektiven für die Praxis.* Heidelberg: Carl Auer Verlag.